九千歲

魏忠賢權謀史

從貧賤少年到宮廷新人
大明朝的權謀之巔

李航——著

▌他是被時代推上權術舞臺的底層小卒
▌一步步踏入深宮，書寫初登場的權謀之歌

從無名至崛起，以奸詐鋪就通向宮廷的險路
千難萬險步步為營，誰能預見崛起之路

目錄

序	005
青春歲月	007
進宮之初	015
異想天開	027
甲子庫上班	035
接觸皇親	041
選侍幫凶	049
改變命運	075
露出馬腳	091
陷害王安	117
太監當權	143
皇后生隙	159
東林對手	179
開刀楊漣	187

繼續較量 …………………………………… 197

持續進逼 …………………………………… 205

增補內閣 …………………………………… 213

勢力擴張 …………………………………… 217

陷害忠良 …………………………………… 225

下計首輔 …………………………………… 235

鬥爭激烈 …………………………………… 245

皇帝偏袒 …………………………………… 259

序

　　歷史一直在不停地前進，從過去到未來，都在亙古不動的改變，把自己放置在歷史格局當中，便能超越時空，啟迪思想。研讀歷史現象，固然有許多方式和角度，但無論從哪種方式切入，都離開不了社會永恆的主角──人，透過人物的故事可以明事理知得失。在中國幾千年的歷史長河之中，各種人物故事輪番上演，而我們述說歷史，就要從一個個鮮活的人物說起。

　　寫這部明朝的小說，我先參閱了明朝歷史的相關資料，當然在寫作中也加入了自己的思考方式，在明朝，有一個很特別的現象，那就是大明朝從開國建立到滅亡，有兩種人物可以說是整個明代不可或缺的主角，一為專權的太監總管。二為弄權的臣子。而我現在提筆寫的第一個人物就是在歷史上顯赫一時的大太監魏忠賢，這個人物在整個明朝頗具有代表性。他從混跡底層社會的流氓到權傾朝野一手遮天的太監，有太多的疑問需要探究，他是一個很複雜的人物。身上既充滿了權謀的計算，也充滿了人性的忠誠，我們評價一個人物，不應該一刀切，而應該放在當時的背景中，就各種故事的發生進行分析。

　　一個太監如何左右明朝的政局？讓我們走進歷史的歲月中去探尋他的上位之路！

李航

青春歲月

我們先來看看魏忠賢的基本資料。

姓名：魏忠賢

別名（外號）：李進忠、九千歲

性別：男（進宮之前，進宮之後為陰陽人）

民族：漢

血型：暫不知

氣質類型：膽汁質

學歷：文盲（少時家境貧窮，混跡於街頭，不識字）

職業：太監

家庭出身：屬於貧中農，靠天吃飯類型

生卒：西元1568年正月至1627年12月11日

愛好：吃喝嫖賭，樣樣都來

社會關係據說有幾個版本：

第一種江湖版：

生物學父親：魏雲卿（戲子），法律上的父親叫魏醜驢（山東的武術藝人）

母親：侯一娘，也是唱戲的

江湖版出自流傳下來的歷史小說《檮杌閒評》。

第二種歷史版：

父親：魏志敏（典型的農民）

母親：劉氏（同樣是修地球的）

自然，魏忠賢就是農民的兒子，因為父母忙於生計，無暇顧及他的成長，所以魏忠賢也是留守兒童。

歷史版出自明代宦官劉若愚所著的《酌中志》。

口頭禪：心存僥倖者！賭徒是也。

主要經歷：

西元 1568 至 1588 年 —— 吃喝嫖賭，結婚成家並欠下鉅債

西元 1589 至特殊年分 —— 自閹入宮

西元 1589 至 1605 年 —— 結交熹宗乳母客氏

西元 1605 至 1620 年 —— 謀害情敵魏朝、迫害王安、陷害妃嬪，打擊東林黨人

西元 1620 至 1627 年 —— 為非作歹，擔任司禮監秉筆太監，迫害東林黨，把持朝政

西元 1627 年 8 月 —— 前往鳳陽看墳途中上吊自殺

追溯魏忠賢的出生，要從西元 1568 年 3 月 28 日那一天說起，同樣也有兩個版本：第一個版本是魏雲卿的老婆侯一娘生下

了一個 4.75 公斤重的男嬰。因這個孩子太大，屬於巨嬰，所以魏忠賢生母在生產過程中因過度疼痛而昏死過去，再沒醒來。魏雲卿遭受妻子死去打擊，目光呆滯，傷心過度而臥床不起，自始自終抗拒請醫生，幾日後便不治身亡。

這樣一來，魏忠賢就成了孤兒，從小只能跟著堂叔魏云何生活。魏云何的家庭也不富裕，住的也是一幢二層的土坯房，他的兄長在在戍邊服役的時候死掉了，家裡有一個七十歲的老母親，膝下還有一個三歲的兒子，生活壓力很大，於是就把魏雲卿的宅基地賣掉，然後用這筆錢來專心撫養小進忠（魏忠賢）。

魏云何雖然勤勞工作，但經濟並沒有多少好轉，五口之家的衣食溫飽捉襟見肘，在這樣的情況下，小進忠還是順利的長大了。

長大的小進忠，和別的孩子不一樣，不哭不鬧，總喜歡盯著一些物體出神，魏云何覺得這個孩子專注，以後肯定有出息。早年就成孤兒的小進忠不但得到了堂叔嬸嬸的悉心照顧，也得到了周圍鄉鄰的關心，他們發現，這個自小沒有爸媽的孩子，除了長得英氣以外，做事情還真的和一般的小孩子迥然不同，膽子大，從來不怕生。

當時鄉里一個姓李的秀才在魏家坪評論道：這孩子沉著莊嚴，將來肯定不是一般人。年紀雖小，但是思維敏捷，很會揣摩大人的意圖，跟他在一起玩耍的人都對這個孩子稱讚不已。小孩子記憶驚人，大人說過的話，他都能分毫不差地陳述出來。

西元 1576 年的夏天，堂叔魏云何要到滄州去看望自己的小舅子何解。順便帶點東西給他，就帶著小進忠一同前往。他們先是花了一些銀兩，乘坐驢車到了河間府，再花了點小錢和一群販馬客人一路同行，很快就到達了目的地。

他們在滄州滯留了三天，沿途的見識使魏進忠留下深刻的印象，來來往往的人流、人聲鼎沸的見聞，讓他頗感驚奇。使得他多年以後，經過這個地方還特地逛一逛。

西元 1578 年，魏進忠十歲，他整天和堂兄、好兄弟李永貞、趙五奶的兒子魏國斌幾人混在一起，不是下水塘摸魚，就是捉鳥打獵，他們還成立了一個狩獵隊，專門尋找樹林裡出沒的小動物，幾人玩得起勁，魏進忠在行動中漸漸表現出了大哥的風範，每次狩獵都走在前面，幾人十分佩服進忠的氣度和機靈，便心甘情願的跟在他身後充當小弟。

有一次他們與從肅寧縣城來魏家坪玩耍的一幫小孩子起了衝突後，魏進忠指揮大家偷襲，用木棍和小石頭將對方打得落荒而逃，經過這次戰鬥之後，他領導的小隊在村裡名聲大振，很多小孩子申請加入。

打架狩獵玩了一段時間之後，他們又失去了新鮮感，轉而又痴迷起新花樣，賭博。

他和李永貞兩人時常練習擲骰，並揣摩研究賭術。不斷根據自己的經驗參與實戰，經常邀請玉皇廟周圍的孩子們參加他們開設的賭局，小打小鬧賺點零食水果，玩得不亦樂乎。

孩子迷上賭博可不是一件好事，堂叔左思右想，決定把他送到肅寧縣城一家飯館學廚藝，希望他能夠成長成才。這家飯館的主人是魏家的遠方親戚，因此，小進忠來學廚藝，叔叔輩很高興，拿出了所有的本事盡力教他。

魏進忠非常聰明，每天在飯館裡忙上忙下，實實在在地做事，哪怕是洗碗刷盤子，他都做得一絲不苟，很快，善於揣摩學習的他就掌握了一手做好菜的本事。

待了還不足一年，他已經能夠獨當一面。

這為他後來在王才人身邊做「典膳」奠定了堅實的基礎。

在學廚藝之外，他的愛好也沒有落下，騎馬射箭、踢球下棋、推牌九樣樣來。因為幽默風趣，不計較吃虧。所以店裡的人都很喜歡他。

學好廚藝後，開飯館的叔叔給了他十兩銀子，讓他到別處開個鋪子養家餬口。

叔叔本是一片好意，但魏進忠根本就沒有聽進去，拿到錢之後首先就鑽進了賭場。

運氣不好，銀子輸得精光。

第二種版本是：魏忠賢於明朝隆慶二年（西元1568年）正月的最後一天在河北肅寧縣西北潞龍河邊梨樹村出生，因這一年叫戊辰年，所以取名叫辰生，小名，魏四。他還有一個兄長，叫魏釗，除了兄長，還有一個姪兒叫魏良卿。

他出生於貧寒之家，自然沒錢上學，但他不是一個讓人放心的人，父親一進城，他就不老實，在村裡偷雞摸狗，把村裡攪得天翻地覆。周圍的人都苦不堪言。

他的父親魏志敏就把他送到肅寧縣城一家飯館學藝。

沒想到學了之後，依然賭性不改，如此這般，他的父親就被氣死了，母親劉菊花改嫁李榮德。他也跟著改姓為李。

就這樣一直到17歲，母親為了讓他走上正途，花錢為他找了一個老婆。兩人很快結婚，妻子是本地人，婚後不久，生下一女。

史書上記載說這個女子姓馮，這個女子能看上魏忠賢據說是欣賞他的豪氣，魏忠賢結婚之後，因為無一技之長，日子過得渾渾噩噩，加上他好逸惡勞，喜歡四處晃盪，老婆孩子從來不管不問，稍微有點錢都往賭場跑，家裡輸的精光，生活困頓，儘管如此，他還是屢教不改，整天在賭場廝混，情況越來越遭。日子過得很艱難，夫妻之間也由小吵到大吵，頻率也越來越頻繁，在這種情況下，他的妻子無法忍受。下定決心和他離了婚。馬上改嫁到姓楊的一戶家庭。剩下的女兒沒錢養活，只好賣給一戶姓楊的人家當童養媳。

這樣一來，魏忠賢就成了光棍。一個人過日子，只需要把自己肚子填飽就可以了，但鉅額的賭債壓迫得他喘不過氣來，一撥撥債主們上門討債，攪得他雞犬不寧，魏忠賢被逼得沒辦法，只好跑到外地躲避債主乞討求生。

一個正直盛年的男子,被現實逼迫到牆角的時候往往也是人生洗牌的關鍵時刻,要麼劈開走一條新路,要麼潦倒死去。

當時,走投無路的魏忠賢在沿街乞討的時候碰見了一個算命先生,那人替他測字算命,說他將來肯定非富即貴,是一個前途遠大之人。

但現實的窘迫卻讓他不得不思考未來的出路,在人生的選擇之中,平民家的孩子出路太少了,不像現在除了升學考試外,還可以學習種類繁多的謀生技能。

明朝平民百姓家的孩子成績好點的會選擇考取功名,成績稍微差一點的人,只要孔武有力就可以選擇從軍,那時候的從軍也是一個危險的職業,戰爭年年都有,搞不好就會為國捐軀,戰死沙場。魏忠賢苦苦思索自己的出路,如果自己種莊稼修地球,這年頭差役繁重,辛苦工作根本不可能發家致富,自己懶散慣了,這條路肯定行不通。第二條路就是做生意,自己現在身無分文,養家餬口都困難得很,要想做買賣無異於痴人說夢,自己的名聲已經在當地已經臭了,賭債都出名了。自己又沒讀多少書,做帳自然不行。這條路也行不通。第三條路就是做一個廚師,但整天煙熏火烤、汗流浹背不是自己想要的生活。

想來想去,這幾條路似乎都不能讓自己滿意,萬念俱灰之下,他做了一個很大的決定,選擇自宮,走上一條賭命的絕路,那就是進宮當太監。為什麼要選擇當太監,現實的原因就是能吃飽飯,而且絕對比做官的生活還要安逸,在整個明朝,為官一品

的月待遇是祿米八十七石，一石約為 60 公斤，八十七石那就是 5,220 公斤，按照現在糧食市價約 50 元一公斤來算，折合新臺幣 26 萬多。而同時期，一個宦官的待遇則遠在這之上，如果混得好能夠當上司禮監的秉筆太監，一個月幾百石是沒有任何問題的。

進宮之初

在明朝只要能進入司禮監上班,不光吃穿不愁,還可以輕鬆得到蟒衣和繡龍的官袍。而外廷大臣根本想都不敢想。

眼前的路似乎只有這一條,只要拿掉自己身上的一個部件,就可能當上太監,魏忠賢左思右想決定淨身。

雖然代價很大,但是這個世界上,有得必有失,要享福就要勇敢犧牲、忍受人生痛楚,天上沒有白吃的午餐,對於這個本質,他看得很清楚。

大的方向已經決定了,具體的準備工作就要展開。

對自己的命根子下手一定要迅速,不能等到朝廷招人的時候現切,畢竟做手術之後,還要一段時間的恢復期。

對於魏忠賢這樣的人來說。做太監需要巨大的勇氣。一來他年紀不小,做太監沒有優勢,二來這手術的風險也是很大,過程自然殘酷痛苦。自己是在妓院廝混慣了的人,要拿掉自己的性福就要有心如鐵石的心腸,快刀斬命根,切掉之後還可能屬於白切,自宮之後也不一定當得上太監,還要花銀子打點加上足夠好的運氣才行,而這一切都還是未知數。

按照明史的說法,魏忠賢是自己選擇自宮的方式閹割的。

明朝民間有專門負責閹割手術的機構，喚做廠子。具體的地點在紫禁城的外圍，裡面有五六名專業的手術師，技術比較好，淨得俐落。是明朝官方認可的手術點。

　　這些手術師靠幫他人閹割命根維生，閹割一個收銀子六兩，一兩銀子的購買力相當於現在的3,500塊錢，六兩銀子折合新臺幣大概21,000塊左右。做太監的人以後混的好，肯定不缺錢財，所以動手術的人只要有關係，也可以先欠帳，分期付款。整個閹割設備齊全、環境優美，手術過程比較人性化，簡單來說，就是先麻後壓再切下。

　　手術還有一整套儀式，在之前要送錢、送酒一瓶，外帶一隻雞或者豬頭都行，雙方動手術前簽訂一個契約，確認雙方的責任，以防反悔，在動手之前還要跟閹割者確認：是否是自願做手術的，切掉命根子可不要後悔，對方說不後悔，才開始動刀。

　　魏忠賢在京城沒有關係網，自然是不能賒帳分期付款，加上自己吃飯都很困難，因此只有自己摸索操作。

　　他膽子很大，在自宮之前還去廠子觀察過幾次，記住了大致的手術要領，就在一個廟宇，依樣畫葫蘆在自己身上實作，弟弟雖然割下來了，但是自己出血過多，當場就昏死過去，自己做的和在廠子做的還是有差別，在正規的閹割場所，做除掉命根的手術，除了之前要用艾葉熬煮的青蒿汁消毒，還要服用大麻水減輕身上痛苦，手術後還要及時在傷口消毒止痛，更必須在安靜閉風的環境修整靜養三十天，才能下床。

魏忠賢是個大老粗，雖然自己眼睛尖，但因為缺錢，很多必要的措施都準備不了，只能在一個陰暗的地方拿一把刀硬來，直接昏死過去，好在被路過的一個和尚發現，把他帶進自己住的地方，大發慈悲，妥善照顧，幫他消毒、包紮、養傷，才撿回一條命。

休息了一個月，傷好得差不多了，才拖著自己的身子前往京城應徵太監的地方。

因為沒有盤纏，一路上魏忠賢只得沿街乞討。顛沛流離，生活過得十分落魄，京城的太監應徵又遲遲不出公告，待業的他簡直度日如年，乞討也滿是坎坷，遭受了無盡的嘲笑和責罵。整日食不果腹，衣衫襤褸。和街邊的叫化子無異。

有一天，他來到涿州北部的一座寺廟，在寺廟旁邊的道觀歇腳，看見寺裡正在求籤，就蓬頭垢面進去抽了個籤，籤上說他未來肯定大富大貴，可是當時他連每天的飯都沒有著落，吃了上頓就煩惱下頓，更別說他大富大貴了，這不是鬼話嗎？自己有一身的蝨子倒是實話。因為飢餓，他向廟裡的道士請求施捨，廟裡的道士看他滿身臭氣，根本不用正眼看他，餓得倒地，有一個年紀小的沙彌見此慘狀，起了同情之心，背著寺廟其他人，給了他一些食物充飢。得到小沙彌的施捨魏忠賢感動得淚眼昏花，對小沙彌連磕了幾個頭。

好不容易到達京城，他才發現。要當太監這件事比自己想的還難，到宦官報名處去打探，卻被告知，人家不要他這麼大年紀

的，只要十幾歲的孩子。主要原因在於小孩子更好管理，年幼的孩子被閹割之後，細皮嫩肉更能得到喜歡。像他這樣二十二歲成家的男人還想當太監可能性微乎其微

萬般無奈之下，他只有浪跡在一些沒能進宮的閹人聚集的地方，和他們作伴，流落街頭。

在京城待了一段時間，魏忠賢覺得自己進宮這條路不現實，就打消了去宦官報名處報名的念頭，畢竟自己一沒錢，二年紀也大，就學一些閹人，在一些權貴的府邸面前逛，指望也能混個差事、找口飯吃。

說來也是運氣，魏忠賢在權貴府邸面前逛來逛去，真走了狗屎運，被一個官員看上了，叫他到衙門裡去做事。

由於他做事機靈，口才了得，加上為人義氣。善於揣摩上司的意圖，因此逐漸獲得了信任，一些小事情都直接交給他代為辦理，這樣一來，魏忠賢很快就擺脫了窘困的生活。

有了錢之後，魏忠賢很快就找回了原來的愛好，喝酒賭博，花天酒地，他是個閒不住的人，一點小錢可經不起魏忠賢這麼揮霍，沒過幾天，他手上所剩無幾，而逛妓院尋歡作樂之時，雖然沒有了作案工具，但大約是沒有注意衛生，馬虎大意，就染了病毒，全身起泡，皮膚看起來很嚇人，人們都不願意接近他，主人家也擔心傳染，就把他辭退了。

剛到手不久的差事又弄丟了，沒有辦法，生活又回到原

點。他只好重新乞討，因為病毒性感染，滿臉幾乎毀容，慘不忍睹，要飯愈加困難。

萬般無奈之下就只好在京城附近的破廟裡棲身。

儘管限於困境，但他沒有氣餒。

他乞討過一個村莊的歇息酣睡，做了一個夢，夢見一個自稱土地之神的人，因為伺候上級已經通宵，身子疲乏需要休息，要求鼾聲如雷的他離開，他驚醒之後沒有見夢中的神仙，才知道是做了一個夢。

想到這裡，他覺得自己運氣來了，既然能夠睡夢中和神仙交流，那麼肯定有福氣，不久之後，他在一家飯館面前停了下來，主要是那飯店飄出的菜香實在讓他離不開，就這麼守候了一陣，一個吃飯的人注意到了他，走到他面前，仔細看了看，說他過五十歲，肯定會富貴。魏忠賢只當他開玩笑，隨後。這個先生跟店主建議，賞賜一些飯菜給門口之人，老闆一看是門口一個衣衫襤褸的叫化子，根本不願意搭理，說你要是好心，自己施捨便是，與我何干。

先生嘆息一陣，只好從自己懷裡摸出二兩銀子，遞給魏忠賢說：「這些有些錢，送給你，你可以用一兩治病，另一兩作伙食之用，用完之後，如果缺錢可以來找我。」

魏忠賢感覺像是做夢，驚喜不已，對先生連連鞠躬，約好了下次碰面的地點就分開了。

拿到銀兩之後，他馬上找郎中看病，中醫博大精深，有錢好辦事，藥鋪的一僧針對他的病情配了幾服藥，不到半個月，就治好了他的病。

　　養好病，吃飽飯後，面色紅潤起來，與過去簡直是兩個人，再次和施捨的先生見面後，先生說：「你真是換了一個人了。」魏忠賢感激得不停作揖。

　　兩人來到城外，花了一些銀子買了一些酒菜，找了一個僻靜之地，兩人邊吃邊聊，吃完之後又和他結拜為兄弟。

　　在艱難的時刻，還有這樣的人沒有嫌棄他，魏忠賢感激得淚流滿面說：「今日全是先生所賜，沒有先生施捨，還不知落在何處，先生就是我的衣食父母，他日富貴，一定聽先生吩咐，如果背信棄義，當不得好死。」

　　說完，兩人對著屋內的神像結拜。

　　兩人結拜之後，先生又給了他一些銀子，並囑咐他：「若運氣好，應當有貴人助你，我現在雲遊四海，錢財不多，現在給你的建議就是，以後一定要對得起自己的名字，以忠處事，才有善終。」

　　說完就分開了，沒有告訴魏忠賢他去什麼地方，魏忠賢也沒有把自己做夢的事情告訴他。

　　這次好不容易脫離苦海，再也不想要飯了。這一次，他選擇到大戶人家做短工，幫人家挑水，賺點飯錢，由於自己素能

巧言善辯，又大方豁達，很快就和一些府衙的僕人混得極熟，在關係到位之後，就趁機求人：有空向你們主子推薦我一下可不可以？

運氣還真不錯，堅持這麼做，真的遇到了一個好機會。

有人推薦他到當朝司禮監秉筆太監兼掌東廠太監孫暹家裡當短工，這孫暹可不是一般人，在內外廷之中沒人不知道他，他不光是皇帝身邊的紅人，還是全國最大的特務機關東廠的一把手，魏忠賢想，能到孫暹家裡去，雖然不算是進宮當差，但也比目前的生活境遇好很多，一聽到消息，他就迫不及待的趕到孫暹的府中毛遂自薦。

孫暹見他說話得體，長得高大，又見他知曉社會世故，就有了幾分喜歡，在了解到他的境況後，萌生惻隱之心，就安排他在內府裡做事。

魏忠賢好不容易得到這個差事，自然做得非常認真，說話也萬分注意，經過他的耐心觀察，投機取巧地把事情做好。因為在府中很會做人，大家對他的評價都不錯，由於乖巧，善於察言觀色，也得到了孫公公的賞識。有一天，孫公公心情大好，見魏忠賢在自己府邸中做事情可圈可點，勤快聰慧，因此就想提攜一下。

西元1589年（萬曆十七年），內廷的二把手孫暹將魏忠賢推進了宮中當了「火者」。

什麼是「火者」，簡單來說就是地位最低的太監，在宮裡，所謂的「太監」都是宮裡宦官機構的長官，按照順序，從小到大依次是：火者，當差，長隨，監丞，少監。然後才是管理層太監。

魏忠賢進宮仍然屬於在司禮監秉筆太監兼東廠太監孫暹名下做事，最初進宮的部門是御馬監，直接管理他的小長官是劉吉祥。

御馬監是明朝內宮宦官十二監，二十四個衙門之一，主要的工作職責就是提供御用馬、象事情的處理，明朝於西元1384年開始置辦機構管理，成立之初設兩名正副七品官員管理，西元1395年改設掌印太監一名，定為正四品，左右少監各一人（從四品），以及監督，提督等職位。

具體的下屬機構有：騰驤四衛營。有監督、典薄、掌司、寫字等。象房、馬房，設立掌房太監等，還有長隨房和金鞍作監工等，以及附屬的幾個操場。

一句話來概括：這就是一個打雜職位。

進宮後，身分卑微，新人，做的是宮中最苦最累的活，打掃環境、跑腿、看門等等各種雞毛蒜皮的小事情都要做。

不過能進宮，魏忠賢已經很知足了，這是他第一次離皇宮這麼近，天下有多少人能夠像他一樣離皇宮這麼近，他現在抬頭可以看見宮中的大殿，屋頂上那金黃色的琉璃瓦，以及裝飾

著青藍點金和貼金彩畫殿簷斗栱、額枋、梁柱。深紅色的大圓柱，還有那精緻的金鎖窗、氣派的朱漆門，同臺基相互襯映，氣勢宏大，雄偉壯觀。

夢寐以求的皇宮，他現在進來了。

魏忠賢明白：進宮後也就是取得了一個支點，怎麼玩還是得靠自己，路怎麼走、能不能提拔既要講運氣，更要講手段講能力，進去就是看自我造化。於是進宮之後，他比平時還多留心、多觀察、多思、考多打聽。宮中的人際關係怎麼處理？皇上如何接見大臣，宦官裡誰的官職權力大？做事情的規矩如何？宮中的主管是誰等等。

這樣摸索了一段時間後，他對宮中的事情也了然於心，長了不少見識。

在我們現在看來，魏忠賢只要進宮要就是走上了人生的平坦大道了，往上混那也就是時間問題，真要這麼想就大錯特錯了。

我們完全看低了古人的頭腦。

皇城是統治帝國的中樞，這裡面光是太監和宮女都是上萬人，每天在這裡上下班，沒有嚴格的制度和規矩以及等級，那肯定是一盤散沙，所以即便是進了內廷當了太監，走的每一步、做的每一件事都要遵循特定的規律。

進來高興沒幾天，他就清醒了。現在的他年紀在太監中已經不小，宮中那等級森嚴繁複的禮儀秩序。沾一下都讓人頭大。

而且他一個混混,身上浸淫一些惡習,自來自由慣了。到宮中之後簡直是被束縛了手腳,稍有不慎就觸犯宮規,遭人難堪和嘲笑。

這皇城外表上看金光閃閃,裡面就相當於是一個鳥籠,鳥籠裡面到處都是網,把人弄得格外難受。

宮中的太監和普通的勞苦大眾不一樣,他們的教育程度,自然也比鄉野小民要高些,很多人從小就進宮,在內廷還專門接受了文化的洗禮教育,通曉文化典籍,會吟詩作畫的太監也不在少數。

特別是皇帝、貴妃身邊的太監,那可是一等一的知書達禮。

魏忠賢算是家鄉混得比較有時代感的人,進宮之後一對比,差距就明顯出來了。他長期在社會廝混,雖然聰慧,可是不識字,宮中的種種禮節、三綱五常,讓他十分頭痛。

別人說話引經據典、出口成章,而自己一竅不通,聽有些學問的太監聊天,都不知道講什麼,一開口說話常常開黃腔,鬧出笑話。

魏忠賢成了他們玩笑的靶子。

宮裡人為他取了個綽號:魏傻子。他也不介意,樂呵呵的接受。

這裡的傻應該是沒有什麼見識的意思。

他在御馬監的主要工作就是打掃馬圈的糞便,剛來的時

候，他工作很認真，沖洗了一遍還要檢查一遍，時間長了就覺得沒意思，不過是換個地方打掃環境，沒有一點成就感，耐著性子硬著頭皮做了一段時間以後，他受不了。

宮中的生活枯燥，其他太監都是工作之餘玩點書畫打發派遣。他對書畫根本不感興趣，為了打發時間。他把以前混社會學的喝酒和賭博又撿起來。正巧內廷之中，也有幾個太監也不學無術，大家臭味相投，很快就結成了酒肉朋友，閒暇之餘，他和徐應元、趙進教幾人聚在一起，賭博喝酒，日子過得不錯。

徐應元和魏忠賢一起進來的，兩人歲數差不多，加上又是老鄉，自然關係親切。兩人臭味相投，聊到吃喝嫖賭更是感嘆相見恨晚。有人陪自己在宮中耍，時間就過得快，工作自然是敷衍了事，剛開始還裝模作樣的工作。後來就索性不去了。

在宮中內廷如此蠻橫，別人都看不下去。

有小道消息傳來，三人心也是提心吊膽，萬一真要哪天被發現，皇上震怒，上司不管，那後果就很嚴重。

宦官本來身分就低微，他這樣排不上號的火者更是皇城裡的螞蟻，妃子養的寵物都比他們高貴，宦官平時不犯錯，皇帝不高興還要拿他們出氣，比如：朕今天心情不好，你還無動於衷不吭聲，這是失職？朕今天心情不錯，你還哭喪著臉，什麼意思？反正少不了一頓毒打。

萬曆年間，皇帝因為喜怒無常打太監的事情經常發生，以

至於太監工作的地方,都配備得有體罰的棍子。一旦惹到皇上不開心,那麼太監就會遭受毒打。無論你是否冤枉,通通一頓揍。捱打的太監輕則受傷,重則斃命。

據說東廠根據形勢的需要,還發明了一種壽字形狀的木杖,打在人身上,可以傷及內臟而皮完好,這樣的木杖,在後期還得到了更新,木杖裡灌上鉛,變得笨重,打上幾板子,人就可以上西天。

宮中環境很壓抑,魏忠賢一段時間內不知道自己究竟在追求什麼,為了排遣心中的疑惑,也為了祈求自己得到神靈的保佑,他去了宣武門外不遠處的文殊庵,聽和尚唸經誦佛,跪拜文殊菩薩。前往幾次以後,他和大和尚熟識了。捐了幾次香油錢,和守庵的和尚秋月成了朋友。

歲月不等人,10年的時光一下就過去了,魏忠賢還是那個原地踏步的魏忠賢,在宮中打雜沒有任何改變,他越做就越失望,這樣日復一日的打雜,還真的不如在河北的老家當混混,活得逍遙自在。三十多歲卻依然一事無成,讓人絕望啊。

異想天開

不過細心的他很快就發現了一個可以賺錢的機會,那就是去當礦監。明神宗朱翊鈞是明朝末年出了名的貪財皇帝,在上任期間,大力搜刮民脂民膏,派出大批太監前往全國各地名曰開礦,實際上卻胡作非為,盤剝民眾,收取稅銀。因為太監是皇帝派下去的,代表天子,地方官員根本無力阻攔,這為他們為非作歹創造了條件。

授權後的太監常常三五成群,看到哪個大戶人家家境殷實,就說人家房子底下有礦,準備動手開挖,你如果要想保護好宅基地,就得拿錢出來。這無疑於明火執仗。另一個稅使收起錢來也是厲害的角色,在江上商船密集的地方,隔一段就設定一個關卡收稅,你送一次貨,一天之內要被礦監拔幾次毛。如果遇到有不願意拿錢的人,一聲令下,就把你直接綁起來關在船上的水牢裡,讓你求生不得求死不能,鞭子伺候。這種情形之下,商家只得花錢免禍。

如果是幫國家徵稅,錢交到了上面那也算是有點貢獻了,其實他們完全是在巧取豪奪,據明代的資料證明,萬曆年間,這些所謂的礦監勒索來的錢財大部分都進了自己的腰包。

萬曆皇帝可能也有所耳聞，知道大致的一些情況，但是不會想到下面為非作歹程度的嚴重性，不相信一群奴才膽子這麼大，敢把大部分收入中飽私囊。有官員受不了，向他報告，他也不信。

　　來錢太快了，有天王老子罩著弄錢，這機會那簡直是太難得了，魏忠賢看重的就是這個肥差。

　　雖然自己沒有資格做礦監稅使的負責人，但就算在下面當一個跑腿的，肯定也要比宮中這些苦差事好不少。

　　這個時候，萬曆皇帝得到了一個消息，說四川雲安縣有個之前廢棄了的銀礦，還有開採價值，大喜過望，馬上派太監邱乘雲為該地礦監稅使的負責人。太監邱乘雲不是別人，正是內廷二號人物孫暹原來的掌家，明朝的大太監都有自己的工作團隊、自己的下屬和幕僚，算是私臣，按照職務分：有負責事務和出納的管家、負責箱櫃鑰匙的上房、負責文書收發的司房。這些私臣，閹人也可以擔任。

　　邱乘雲得到肥差後，萬曆二十七年就到達雲安縣，為了能夠富有成效的進行工作，得到任命之前，他就在京城找了一些混混潑皮跟隨他一起。至於為什麼要用這些人，因為只有這些人才能使出手段，欺壓住百姓，他工作所在的地方是一個少數民族聚集地。朝廷在此設立的有管理少數民族事務的宣撫使。到任之後，他直接讓本地縣令貼出告示，通知屬地的住戶全部在一個月內搬遷到其他地方，而且不給一分錢的補償。

當地的百姓自然不願意，馬上找宣撫使反映情況，擔任本地宣撫使的大臣叫馬千乘，馬大人是一個愛民的好官，他自己拿了五千兩銀子出來，請求不要驚擾當地百姓。邱千乘不費力就收了五千兩的銀子，覺得油水還有搞頭，於是又亮出一個手指頭說，還要交上一萬兩銀子給他，這個事就擺平了。皇帝那裡他會處理妥當。

　　獅子大開口，不拿不行。當地官民於是又東拼西湊了一萬兩銀子交給邱乘雲。不知道是走漏消息的緣故還是邱乘雲的口碑太差，坊間很快就流傳了關於他的壞話，不明就裡的太監以為是馬千乘做了手腳，十分生氣，將一萬五千兩銀子派人快馬加鞭送給朝廷，並寫了一封信密奏皇帝，大意是說當地的土司長官行賄一萬五千兩銀子來阻礙我們開礦，這就是證據，呈給萬曆皇帝定奪。

　　萬曆皇帝看到了密奏，又氣又喜，對周圍的大臣說：還是邱乘雲忠誠，賄賂的銀兩都一分不少的交上來了。普天之下，有哪一個有邱千乘這樣忠心，於是下旨，將馬千乘逮捕入獄，嚴格審訊，聽候發落。

　　馬千乘的夫人是個勇猛的人，帶人四下營救，可是萬曆皇帝是出了名的不理朝政，人被關了以後，既不判刑也不放人，就這樣乾耗著。她跑到京師疏通關係，人都沒有見到，刑部也是人去樓空。馬千乘就這樣在牢獄中待了三年多，罪名也沒得一個，心中鬱悶難解，竟然急出病來，不久憂鬱而終。

這下，當地百姓群群情激奮，準備暴力攻擊，要抓邱乘雲抵命，百姓聚集在一起，朝邱乘雲的住處奔去，當下就抓了幾個他的手下，痛打一陣出氣。邱乘雲找個地方躲了，事後馬上以叛變的名義，讓駐紮當地的總兵帶領軍隊前來鎮壓民眾。官兵對本地的情況了解，知道誰在暗中搗亂，於是找了個藉口按兵不動。

事情很快就傳到萬曆皇帝那裡，彙報回來的情況各執一詞，考慮到反正一萬多銀子已經到手了，沒有必要動用武力，畢竟，派兵出去又要花銀子，得不償失，於是就此作罷。邱乘雲見皇帝沒給出意見，知道這件事不好處理，也就灰溜溜地走了。

也是因果報應，後來，邱乘雲在重慶府邸辦公的時候，在一天夜晚死於非命，腦袋被人取走祭奠在馬千乘的墓地面前，之前攫取的幾十萬兩銀子也隨之充了公。那位馬千乘的妻子後來則成了一名女英雄，名字叫秦良玉。

當礦監稅使的小弟，也是一個肥差，好多人費盡心思削尖了腦殼要往裡面鑽。因為明朝的利益分配機制，在基層只要占據了好的官職，也可以大肆撈一筆，魏忠賢便向孫暹提出請求，陳述自己的想法，想在邱乘雲手下做事。他想自己和邱乘雲都是孫公公的手下，加上孫暹同樣是從他現在的工作職位一步步爬上去的，淵源不淺。去邱公公手下打工，肯定能得到照顧。

孫暹覺得魏忠賢這人不怕路途的艱難，非要去難於上青天的四川，還堅持要到基層一線去，人不錯。就批准了他的申請，得到回執後，魏忠賢激動地不行，馬上準備好盤纏，立刻上路。

四川離京城有數千公里，魏忠賢就這樣風裡來雨裡去，連續走了兩個月才趕到，這路途的艱辛支持他走下去的，大概就是發財的美夢了。

　　哪想到，本以為發財夢就要實現的關鍵時刻，出了一個小岔子。

　　他得罪了一個叫徐貴的人，徐貴是邱乘雲在京城的管家，比魏忠賢早入宮，算是宮中的老資歷，對魏忠賢的所作所為、背後那點小事早有耳聞，知道魏忠賢申請出去當稅監就是為了大把撈錢。心裡很不爽，就寫信向邱乘雲說了魏的種種劣跡和不堪之事，並提醒主子注意提防。

　　信走的是驛站，比魏忠賢先到達一段時間。

　　邱乘雲是一個宦官太監，雖然在四川陷害了很多清廉的官員，卻很看重做事情的效率。忍受不了下級宦官做事情三心二意、陰奉陽違。於是當魏忠賢高高興興地到邱乘雲的住處報導的時候，等待的卻是劈里啪啦的一頓訓斥，魏忠賢被罵得丈二金剛摸不著頭緒。邱乘雲在罵完他之後，還不解氣，把他關押在一邊。實施禁閉。不僅被拉起來吊打，而且還不讓人替他送飯，打算活活餓死他。

　　可憐魏忠賢的如意算盤還沒有打成，就摔了一個狗吃屎。

　　然而他命不該絕。正當他陷入絕境的時刻，突然峰迴路轉，柳暗花明，有人救了他。

救他的人不是別人，正是他當初去過幾次文殊庵認識的大和尚秋月。

　　大和尚秋月此時正在四川雲遊化緣，經過忠州這個地方時，聽說邱乘雲也在這裡，因為邱乘雲之前也到文殊庵燒過香，和這位大和尚也算是認識多年的好友，就前來拜訪一下，兩人商談正歡，聽到熟悉的聲音在隔壁的房間裡聲嘶力竭的哭喊，便問邱乘云何故，邱乘云就講了。秋月大和尚這才明白是魏忠賢受了罪，就做了個人情，請邱乘雲放「火者」一條生路。

　　秋月和尚德行高深，兩人熟識多年，邱乘雲自然無法拒絕，就答應了他，把魏忠賢放了，還按照大和尚的要求，給了他十兩銀子，放他回宮。

　　魏忠賢逃過一劫不死，對大和尚感恩戴德。又請教了大和尚一些問題，大和尚見他可憐，索性送佛送到西，怕他受累，就寫了一封書信，讓他隨身攜帶交給宮中的老友，太監馬謙，請求關照一下這個「火者」。

　　據說，魏忠賢離開的時候，曾經請求了秋月和尚一個問題，那就是：怎樣才能有出頭之日。

　　秋月和尚送他一句：一屋掃完再掃一屋，就可以掃天下。

　　這話道行高深，也不知道魏忠賢聽懂了多少。他點了點頭，拜謝之後便告辭回京。

　　這個馬謙，是宮中的一位老太監，因為為人謙和，做事認

真,從嘉靖四十一年入宮以後,就深得上層的重視和喜歡,先後擔任了司禮監的寫字員、內宮的總理員、乾清宮負責主持事務的管事。到魏忠賢進宮的時候,已經做到了伺候皇帝的管家,他就是皇帝身邊可以說上話的人,所以地位很高。

大和尚秋月是他很敬重的人,有求必應,現在收到了一封朋友來信的請求,他自然竭盡全力去辦。

馬謙是一個厚道的人,收到大和尚的推薦信,看到眼前的魏忠賢,二話不說,立刻給生活困頓的魏忠賢一些銀兩,答應幫他找個好的職位,明朝也是如此,很多前程事業其實都是關係打點,只要關係到位了,基本上就成功一半了。經過馬謙的一番活動,在動用了幾層人脈關係之後,將魏忠賢調到甲子庫當差。甲子庫為明朝十大內庫之一,歸戶部管理,主要的業務,就是貯存布匹、放置顏料。

不料這件事很快就傳到徐貴耳朵裡去了,這小子居然沒有被弄死,還要爬到他頭上來,肯定不行,就直接就向司禮監的大太監王安告了一狀,誣告了魏忠賢出宮尋花問柳的事情,請王大總管按照宮裡的規定嚴懲。王安是一個德高望重、權勢顯赫的大太監,為人一向光明磊落,萬曆皇帝時期,王安是皇太子身邊的心腹。這是他第一次處理魏忠賢的生活作風問題,以後還和魏忠賢有多次交鋒。

王安如果按照規定處理,魏忠賢難逃罪責,輕則暴打,重則踢出皇宮。

馬謙見勢不對，趕緊出來救急，拿銀子四處找人打點，終於把事情化解了。王公公見有人說情，礙於情面，就放了魏忠賢一馬，這就為以後他們之間的交鋒埋下了伏筆，王安不知道，這一次小小的高抬貴手，將來會為他的人生帶來幾次麻煩，當然他在魏忠賢的問題上犯了不止一次糊塗。

　　馬謙的運作很有效，甲子庫的管事李宗政拍著胸脯說，馬公公介紹來的人我一定接納他。

　　時來運轉啊，沒想到糟糕透了的四川之行，為魏忠賢打開了新的一扇門，他終於扔掉打雜的掃把，到甲子庫當了一名保管員。開始朝著太監金字塔向上爬行。

甲子庫上班

甲子庫是負責保管皇室燃料布匹和中草藥儲存的部門，裡面的東西，都是由盛產絲綢的江南地區輸送的，專供宮中享用，凡是內廷中需要用物的地方，都需要和它打交道，只要上面恩准，就可以取用。作為管理實物的，基本上都有油水可撈，因為宮中的東西是由外面的商家送進來的，內庫的保管員負責稽核收取。這稽核的法子就有道道。對輸送的貢品，完全可以找藉口為難你，迫使你花錢進貢，比如布匹的品質、物品的瑕疵等等，隨便一個理由都可以折騰你夠嗆，在這種情況下，懂得的人就給錢通關，這東西也就順利入庫了。

管理實物的太監收點小費，幾乎是公開的祕密，皇帝有所耳聞，也想了很多辦法，採取了一系列的措施禁止太監貪汙，比如實行嚴格的稽核制度、帳單分離的舉措等。以此來杜絕這一現象，但皇帝想不到，下面的宦官為了能夠貪汙，聰明到什麼地步。宦官們掏空心思，把一個小小的職位管理權變成了現錢。

明代內庫的保管員由太監擔任，這些看門狗憑藉手中的職權，開闢了各種來錢的手段，其中以「鋪陳」和「增耗」為主。

所謂鋪陳，就是指商人押送所交的貢貨入庫時，掌庫的內

官以鋪設倉庫為由，防止物品受損而向解納者索取的費用，這個費用可大可小，實際上就是變相勒索商人，為了拿到更多的好處，內官往往漫天要價，商家往往承受不起。沒有繳納足夠的銀子就要遭受宦官虐待或者拷打，或者在太陽底下曝曬。體力不支昏者比比皆是，直到東拼西湊交上銀子才予以放行，有確實交不上來的，迫於無奈，選擇上吊自盡。導致無數商家家破人亡。

第二個增耗就是內官收取商家東西的時候，要求比原來的核定的數量多一部分，作中和損耗之用，如果多收取一點，倒也無妨，但是內庫每次索要的增耗實在驚人，比如核定數目要求運送白糧一石，需要押送一點八石才准予入庫。其他物資更是這樣，最瘋狂的時期，就在萬曆皇帝在位期間，增耗高達十倍，簡直是讓人瞠目結舌。

除了以上主要兩項外，還有其他的手段，比如收取茶水錢、紅包費。如果商家不老實上交，那麼你押送的貨物就沒有保障，輕則貨物被人為損壞，重則被沒收，然後不替你開回執單，你就沒辦法完成任務，回去以後肯定有官員治你的罪。

內庫的太監斂財的手段就是這麼瘋狂。

既然東西進庫的時候可以扒一層皮，那麼出庫的時候自然也少不了雁過拔毛。

出庫的時候報多少帳目、怎麼多支出少報備，這些都是手段，東西拿出去就可以賺錢，如果被上面發現了，就把倉庫的東西用火付之一炬，報告說失火，就無法查出。

魏忠賢現在去的甲子庫就是這麼一個地方。

從四川回來後，魏忠賢的腦袋也開竅了，他不認為是秋月和尚給了他一條生路，反而看到的是馬謙手上的權力，有權力才有一切，就可以隨心所欲想幹什麼就幹什麼，因為馬謙的一句話，他就來到了甲子庫職位，要是剛進宮的時候能夠意識到當官有這麼多好處，那自己也肯定少走了不少彎路。自己白白活了幾十年，居然才意識到當官的好處，實在是太愚笨了。

自此以後，他的為人處世就變得非常勢利了。

交朋友只有找有權有勢的才是王道啊，只有這樣的人才可以為自己創造條件。來到這樣一個生錢的職位，就好好做吧，有了錢就可以打點關係，就可以結交權貴，就可以改變自己。好好努力吧，他勉勵自己，自己在宮中一定要出人頭地，混出個人樣才是。

魏忠賢打定主意結交有權力的人，但是這些實權者也不傻，根本不屑於和他們底層的人打交道。要想找對人可不容易，需要有一定的眼光。他把身邊的人都逐一分析了一遍，最後決定依靠魏朝。這個人符合他心中的幾個要求，一是魏朝在內廷裡面擔任大太監王安的手下，可以說是背景很硬。二是魏朝這個人喜歡聽人家拍馬屁說好話，這一點自己也擅長。三是這個人屬於你對他好，他也會對你好的這種類型。說不定和他關係好了能幫上自己的忙。

魏朝先後當過太子朱常洛（即後來的泰昌皇帝）和朱由校

（即後來的天啟皇帝）身邊的侍衛太監，現在是乾清宮負責大小事務的管事，也算是混的很好的太監。

明神宗那時候偏愛鄭貴妃，想要把他的兒子朱常洵立為太子，而朱常洛雖然是長子，卻不受皇帝父親的喜歡，後來由於有制度的約束，加上滿朝文武的反對最後作罷。朱常洛的位置才沒有得到廢除。

魏朝是王安手下的太監，跟著魏朝走就是跟著王安走，王安在內宮中頗有權勢，現在明神宗還在，一旦明神宗駕崩，太子朱常洛繼位，那麼王安的一派人就會更有權勢。魏忠賢的分析的確很到位，魏朝這個人也確實喜歡聽好話，在魏忠賢的巴結和奉迎之下，兩人關係越來越好，之後結為了兄弟。由於同姓魏，只是年歲有差別，宮中之人稱呼他們大魏小魏（關係好）。

都是自己的拜把兄弟，肯定要替兄弟美言幾句，在王安面前，魏朝時不時的提起這位魏忠賢兄弟的好，說他是為人豪爽大方，做事情認真果斷。王安這個人也有優缺點，雖然為人正直，但缺點就是心太軟。這樣的人雖然做事嚴格認真，卻不宜擔當大任，因為對壞人下不了手。本來王安之前就對魏忠賢沒有什麼好看法，後來經常聽魏朝說他的好話，以為他真的改邪歸正了。於是他就開始好奇，仔細觀察了一下他，發現魏忠賢這個人確實有許多優點，很多事情可以靈活處理，做事情也謹慎。於是他的看法就變了，認為很多太監說甲子庫保管員魏傻子不堪的壞話是謠言。

朱由校的生母王才人那裡正巧空了一個職位，魏朝就向王安推薦讓魏忠賢前去，說魏傻子在入宮前專門學過廚藝，煮的一手好菜，而且辦事認真，甲子庫的人對他評價都不錯，王安得到魏朝的推薦，很快就點頭表示同意了。

　　當時朱由校的生母王才人在朱常洛那裡不受待見，地位不高，太子朱常洛更喜歡被人稱為西李的李選侍。這個女人野心很大，貪戀權勢，一心要生個兒子，以後就可以做皇帝的親媽，但是運氣不好，只生了一個女兒。眼看自己當皇帝母親的願望落了空，就對生了兒子的王才人看不順眼，處處使絆子，不僅讓王才人見不到朱常洛，更派人隨時盯緊她，讓她沒有自由。

　　王才人的處境很不好，魏忠賢一度很猶豫，後來一想，能在這裡接觸到帝王之家的人，也不錯了，畢竟皇宮內外都是皇土，如果王才人他們有一天也和自己一樣時來運轉大翻身，那麼自己就賺著了。

　　既然有機會，那就去鍛鍊鍛鍊，累積點經驗也好，只要做好這個工作，管理好伙食，自己也不會吃多大的虧，於是便答應前去。

甲子庫上班

接觸皇親

　　魏忠賢入宮到現在為止不知不覺已經待了十多年了，這十多年來，沒有任何大的作為，家鄉的親戚自己也愛莫能助，兵荒馬亂的年頭，百姓流離失所，自己的姪女也因為貧窮被賣給了大戶人家做丫鬟使喚，這些消息傳來，讓他心裡十分無奈。到了王才人這裡以後，他發現這個女人確實命運很苦，過得不好，雖然是皇孫朱由校的生母，可是一點地位都沒有，吃的伙食也很粗糙，一個才人如此，地位比她低得多的自己就更沒有什麼抱怨的，好好做吧，他使出了自己的渾身解數，將王才人的伙食盡量做得盡善盡美，這個勤勉的工作，以後真的為他帶來了時來運轉、苦盡甘來的榮耀。

　　魏忠賢對處境淒涼的王氏母子認真是因為他起了同情之心，並不是看到皇孫朱由校能當皇帝，畢竟皇孫的父親，太子朱常洛的身分還沒有得到皇帝的確認，地位都非常不穩。史書記載，朱常洛是明神宗朱翊鈞長子，是他父親偶然臨幸宮女所生。都說母憑子貴，雖然他的父親是皇帝，自己是長子。但父親朱翊鈞最寵愛的是鄭貴妃，生母沒地位，父親也不喜歡，太子朱常洛經常被人看不起，時常在宮中被人欺負，就連太監和宮女都敢欺負他。加上狡詐的鄭貴妃在朱翊鈞面前經常說朱常洛的不是，朱

翊鈞更沒把這個兒子當回事。如果不是明朝的大臣諫言之風，朱常洛大概早就被廢掉太子之位了。

朱常洛在父親的冷眼下活得不自在，因為沒有盼望，很多貼身的太監都選擇離開，有幾個走不開的太監，也對朱常洛不上心，工作常常敷衍應付。冬天的時候，朱常洛冷得瑟瑟發達，太監們管都不管，只顧著自己取暖。朱常洛的地位落魄至此。

而作為朱常洛的兒子朱由校，更是也好不到哪裡去，朱由校的童年生活也很苦，除了宮中的太監魏忠賢把他當做賭注，對他好之外，基本上也沒有任何人把這個皇太孫當一回事。當時有人評價說，要等到沾皇孫朱由校的光芒，太遙遠，要等到黃河水變清了才行，言外之意就是根本不太可能，屬於天方夜譚，白日做夢。

魏忠賢卻不嫌棄，久就久吧。他沒想那麼多，這對母子處境可憐，讓他時不時的想起自己進宮時過的苦日子，或許是感同身受，他對母子格外用心。除了打理伙食，他還在空閒的時候照顧年幼的皇孫朱由校。講一些稀奇古怪的故事給他聽，小孩子天真可愛，自從進宮之後，他已經好多年沒有見自己的女兒了，他和朱由校相處的時間裡，他的感情也傾注到了這位小皇孫身上，由於李選侍存心想控制朱由校，堅決不讓朱由校學習知識，加上父親朱常洛自己位置不穩固，根本無暇顧及這個兒子，因此，魏忠賢和朱由校待在一起玩耍的時間就特別長。一老一少，在日復一日的共處中，彼此把對方看成了一種超越主

僕之間的關係，形同父子。所以我們後來就可以解釋，為什麼天啟初年，那麼多朝中大臣反對魏忠賢，但是天啟皇帝往往袒護，主要原因就在於和皇帝有著難以割捨的「親情」。

正當魏忠賢做得賣力的時候，朱由校的生母王才人因為受不了李選侍的壓迫、凌辱和毆打，在萬曆四十七年三月死去。母子兩個，只剩下朱由校這個皇孫。

自己生不出兒子的李選侍在王才人死掉以後，為了便於控制朱由校，她讓朱常洛對父親明神宗吹耳邊風，讓她親自來撫養朱由校。李選侍很快就如願以償，將小皇孫收入懷中，李選侍打的算盤就是等到皇孫如果繼位的時候，自己就可以當上皇太后，從而實現垂簾聽政。

王才人逝世後，皇孫朱由校被帶到李選侍那裡，魏忠賢只好回甲子庫繼續任職，但因為這麼一段經歷，他也開了眼界，認識了李選侍，後來接觸幾次，兩人熟識，關係發展迅速，很快就成了李選侍的心腹親信。

萬曆四十八年（西元 1620 年），朱常洛的父親明神宗朱翊鈞在明朝內憂外患中駕崩。這個斂財無數、多年不上早朝的皇帝去世以後，明朝的政局出現了激烈的變化。當了三十多年太子的朱常洛終於熬出頭了，繼承大統，當了皇帝。幸福來得太突然，本想好好表現自己，做一個好皇帝，但是明神宗的遺孀鄭貴妃又頗有心計地獻上數名角色美女讓他享用。壓抑太久的他選擇了每日縱情性慾，揮霍釋放，尋歡作樂。頻繁的性生活掏空了

他的身體，加上從小身體不佳，八月就一病不起，加之生病後太醫開的藥物不當，大臣進獻的藥丸加劇他的病情，導致身體崩潰，登基才一個月之後就魂歸西去。

這樣荒謬的劇碼後，鼻涕橫飛還沒長大的小屁孩朱由校迷迷糊糊的就當上了皇帝，他即是歷史上的天啟皇帝。時間才兩個月，宮中的皇帝就換了兩個，明朝內部的政治勢力因為局勢動盪開始了激烈爭鬥，歷史上赫赫有名的「妖書案」、「梃擊案」等事件就發生在這一期間。

這個時候的魏忠賢還是按部就班的工作，他的理想就是再當一次管理伙食的宦官，接近皇親國戚，多賺一點錢，留著以後養老用。

王安此時升為了司機監的秉筆太監，權勢顯赫，為了以後的升遷能得到照顧，魏忠賢就一天到晚往王安的住處跑，凡是王安有個什麼病，他馬上買藥送藥給他吃，照顧得比自己還貼心。

在宮中混了多年，魏忠賢已經學會了取巧，無論何時何地都是笑嘻嘻的，服務王安也很周到，王安一感動，覺得魏忠賢這個人真不錯，於是就動用手中的權力，將他調到了東宮伙食管理處當了處長。這個職位比當年那個伙食管理好得多，不僅有專門的人打理，連分工也很細緻，自己手下管理上百個人，日子過得非常舒服，根本用不著自己操什麼心。

魏忠賢做事情認真仔細，得到了長官的欣賞和提拔，據說當時還是太子的明光宗對他就讚不絕口，特地讓他侍衛照顧皇

孫朱由校。

明光宗駕崩後，朱由校後來當了皇帝，魏四按理說就可以飛黃騰達了，即使不識多少字，但當一個小部門的官員是沒有問題的，但是輪到朱由校繼承大統的時候，魏忠賢卻遇到了麻煩，被牽連進「移宮案」。

移宮案的女主角是李選侍，明光宗死後，她為了爭取更多的名分和權力，和朝廷的臣子就儲君繼位的事情展開了鬥爭。李選侍以自己照顧朱由校為由拒絕搬出皇帝住的宮殿，實際上是想以此來實現垂簾聽政。

她這麼一做，朝廷就吵得不可開交。大明朝還從來沒有遇到這種情況，明朝的廷臣一直反對，雖然儲君朱由校在自己這裡，但是李選侍清楚，自己勢單力薄，內廷之中只有幾個太監喊得動。幾次爭奪儲君拉鋸戰中，她都陷入不利的境地。

魏忠賢這個時候就被李選侍看上了，她發現人稱魏傻子的這個老公公做事辦法多，而且敢想敢做。於是就拉他加入，盤算計謀。

魏忠賢選擇跟李選侍一起，無疑於是替自己找罪受。雖然李選侍在明光宗生前很受寵愛，權勢盛極一時。但是光宗死後，她似乎就沒有倚仗了，一來她不是朱由校的生母。沒有多少血濃於水的親情。二來李選侍也沒有什麼名分，僅僅只是一個先帝的遺孀（妃子）。她這樣的身分基本上沒多少作用，除了一些太監把她當回事之外，沒有人高看她一眼。

如果說她身邊的人因為習慣跟李選侍一起阻攔朝臣反對。但魏忠賢在宮中歷練了這麼久，應該能夠看得清楚，知道朝廷的大臣不是吃素的，他也知道李選侍是在死皮賴臉拖延。因此如果要解釋他選擇跟李選侍一夥，只有一個可能，那就是出於對李選侍的同情而相助。一個女人的可憐境況激起了他的保護欲。

但是魏忠賢所做的事情又讓我們一時難以理解，比如在之前伺候朱由校的生母王才人，他幫了王才人很多忙，在王才人被李選侍弄死以後，他又轉過身來選擇投身李選侍，似乎並沒有一點恨意。侍奉兩個矛盾的主子，他卻沒有任何不滿，這讓人匪夷所思，而時任大太監的王安，就是因為王才人之死，才對李選侍有了深切的敵意。朝臣反對的時候他也堅決對李選侍的做法予以遏制。

因此，對魏忠賢所做的事情有時候我們不能單純用利益關係來衡量。也許是出於一時的同情心或者看法，而導致了他採取了讓人費解的行動。

魏忠賢在幫助李選侍是怎麼做的？從歷史記載來看可以窺見端倪。

明光宗在萬曆四十八年九月初一駕崩。李選侍很快就收到了消息，做的第一件事就是讓通政使司（主要負責皇帝日常生活起居的祕書團隊）將朝廷每日呈遞的奏摺交給她看，看完之後，再拿給儲君朱由校，這實際上就是在處理朝政了。一直到後來

朱由校沒在她身邊，搬家之前都實行這樣的流程。代皇帝處理奏章，意思不言而喻。

　　初一一大早，朝廷大臣聽說光宗駕崩，心情悲痛，時任兵科給事中的楊漣便商量禮部尚書周嘉謨，擔憂的提出疑問：天子寧可託婦人？決定趁著眾位大臣在乾清宮瞻仰明光宗遺容的時候，把儲君搶過來。他們把這個想法告訴一些大臣，大臣認為這個辦法可以，於是大家便在楊漣的帶領下，直接越過阻攔的宦官，進入宮殿找朱由校，但是沒有看到他，經過打聽才知道原來是李選侍把他藏起來了。

　　眾位大臣面面相覷，不知道該如何是好，內閣首輔方從哲說：可以先等李選侍搬離了宮殿再看。

　　擔任兵科給事的楊漣對此首先提出反對意見，理由是：李選侍根本沒有任何資格在乾清宮裡面繼續待。楊漣是一個敢說敢做的人，很有主見，在明神宗時期就被皇帝所看重，從而將他選為顧命大臣之一，輔佐未來的新君。

048　接觸皇親

選侍幫凶

　　魏忠賢剛從李選侍的住所出來，便被楊漣等人看見，楊漣走過去對他講明藏匿天子罪過的嚴重性。希望他能知難而退。

　　他有些害怕，便把事情向李選侍報告，王安知曉情況後，也向李選侍陳述利害，幾位位高權重的臣子的意見都是要她放開儲君，李選侍沒辦法，表示願意把朱由校交給群臣，但是才把朱由校交到王安他們手裡，她就後悔了，王安等人顧不得她反悔，馬上帶上年幼的朱由校奔出了暖閣，臣子在外面等候多時，看見朱由校立刻跪拜口呼萬歲。接著，他們帶領朱由校迅速奔向文華殿，由於行事匆忙，抬轎子的人還未到場，幾位自告奮勇的大臣便抬著轎子一路狂奔，路上不斷有太監出來阻攔，追著轎子不放，大聲喊道：拉少主何往？主年少畏人。很明顯，這些都是李選侍指使的親信，當時抓搶的最厲害的太監就是魏忠賢。

　　一個16歲的孩子，看到眾位大臣和太監圍著他爭奪呼喊，嚇得大驚失色，楊漣一邊安慰少主，一邊喝斥追隨的魏四等人：「殿下乃是當朝天子，群臣之首，四海皆仰之。大膽奴才，竟敢扯天子衣服，給我放開！」

　　周圍的太監嚇得鬆開了手，但是仍不放棄，一直追著走。

就這樣，一直追到文華殿，殿前錦衣衛守候在此，幾位太監見狀，知道已經沒有辦法搶奪，不得已才悻悻而歸。

群臣把朱由校搶回來了以後送了一口氣，馬上按照流程，立他為太子，立太子的關鍵時刻，數名李選侍派來的人胡亂糾纏，大吵大鬧。要把朱由校抓回去。諸位大臣沒有辦法，一方面派人阻擋太監干擾，另一方面抓緊時間完成冊封儀式，冊封儀式一完畢，馬上將新晉太子安排住在慈慶宮，作為暫時的東宮。接著便馬不停蹄，商量新皇帝九月登基的具體事項。

搶人失敗後，李選侍失去了手中的王牌，無計可施。自己夢寐以求的榮華富貴，轉眼間就成了泡影，她悲憤不已，牢騷滿腹，一肚子氣全部潑向身邊的宮女身上，連晚飯也沒有心思吃，直接將碗筷摔了個稀爛。她現在不知道該如何是好，自己真的是賠了夫人又折兵，越想越氣，夜不能寐，自己只是少了一步，就失去了改變自己最重要的籌碼，幾十年來的辛苦全部都白費了。

她沉思半晌，決定去找魏忠賢。

這個老太監，雖然不通文墨，但是在做事情方面點子卻很多。她現在一個落魄的女人，在先皇在世的時候，朝中大臣哪個敢不給她面子？都對她禮讓幾分，但是先帝才駕崩，自己就成了大臣們集中開火的靶子。沒有一個大臣願意幫她，只有這個多年默默無聞的老太監魏忠賢，還在她身邊為她鞍前馬後。

還是太監魏忠賢值得信賴。

說不定找一下他，也許還有挽救的辦法。便讓下人通知太監魏公公前來商議要事。

魏忠賢正巧離她不遠，聽到李選侍差人叫他，便馬上趕來。

看見李選侍的神情，善於察言觀色的他已經猜到了幾分。但他還是明知故問：「娘娘找我所為何事？」

「現在我該怎麼辦？」

李選侍將當前遇到的棘手問題拋給魏忠賢，期待他能解答。

他頓了頓說：「現在情況生變，但也不是沒有辦法，老奴還有一招險棋。先皇駕崩不久，按照祖制需要哭靈，太子必須出席，後天就是萬曆皇帝神宗的入殮日期，太子一定會出現。到時候他來，你安排幾個手腳靈活的人把他帶到另一個地方。讓他承諾封你為皇太后，以你和他的關係，這個應該不難，到時候，你就可以繼續掌權，不用搬離乾清宮。」（乾清宮：在古代皇帝是天子，是昊天的代表，代表著天，而帝王之位極尊，謂之唯一，就是天之唯一的意思，清氣上升謂之天，濁氣下降謂之地，是故乾就是天，清的意思。乾清宮是內廷正殿，是皇帝在這裡居住，處理日常政務，繼承大統的地方）。

李選侍有些猶豫，擔心失敗。

魏忠賢勸她說：「現在這個時候，也沒有別的辦法了。」

挾太子以令諸侯，太子在手裡面，朝廷大臣隨便都奈何不了你。

做事情要果斷迅速，這樣才能占據先機。

經魏忠賢一分析，李選侍便下定了決心。按照魏公公提供的計謀，一方面派心腹親信嚴密監視朱由校，阻斷王才人的舊人和他的聯絡。另一方面積極找人準備隨時出手。

楊漣等諸位大臣因為領教過了李選侍的死纏爛打，他們擔心李選侍肯定不會善罷甘休，鐵定還會使出其他手段，為了防範未然，就暗中派人監視李選侍的行為，同時加強對皇子朱由校的安保措施。防止出現差錯。

第二天一早，魏忠賢按照李選侍事先寫好的奏摺，趕到朱由校所在的地方，聲稱有重要的事情向太子進表。

因為楊漣已經事先做了安排，前往文華殿的任何人必須得到他們的同意才能入內，錦衣衛便將來人情況彙報給楊漣。

楊漣說，奏摺拿來，人不允。

打開奏摺，上面寫了一些內容。主要有三點：第一點就是先皇駕崩，朱由校作為太子要去乾清宮守靈。第二點陳述太子還年少，很多事情不能周全處理，李選侍作為先皇同意的養母，和朱由校住在一起，更方便照顧儲君。第三點說李選侍這些年來照顧皇長子勞苦功高，為肯定其貢獻，應該封為皇太后。

楊漣說：「這不是胡鬧嗎？她還是想脅迫太子。」

左光斗上疏提出自己的觀點：乾清宮是皇帝的住所，只有皇后才有資格居住，其他的妃子就算是先皇寵幸過都不能一直

住在裡面。一為避嫌，二來關係著尊卑有序。再說李選侍不是先皇的配偶，又非太子的親生母親，賴在裡面不走，難道讓太子住在慈慶宮？國宴沒法舉行，國家大禮也實施不了，無論怎樣都說不過去，而且李選侍這樣的人，在服侍先帝明神宗的時候，沒有脫去髮簪請罪告誡皇上的美德，對朱由校也沒有照顧養育之情，這樣的人，不能把朱由校託付給她，再說殿下已經十六歲了，有朝廷忠良的重臣輔佐從政，不需要李選侍像帶小孩子那樣跟到朱由校。至於新皇帝登基的事情，就更不應受人牽制。因此不能把他交給一個婦人，他表示，現在如果不早做決定，以後她借撫養的名義，實行垂簾聽政，導致武則天那樣的災禍，恐怕就更不好解決了。

朱由校才十六歲，他對李選侍又愛又怕，怕是因為這個女人平日裡都很霸道，加上自己的生母被她虐待，憂鬱而終，對她有種排斥感。愛是因為父親把他交給李選侍撫養後，她對自己也沒有刻薄為難，生活起居也還用心。

對於李選侍提出的這個要求，他很猶豫，不知道該如何是好。

大太監王安見朱由校愁眉不展，便猜到了幾分，他靠近朱由校說：李選侍不能封為皇太后，因為不符合祖制且又涉及到政權的安穩。在場的眾位大臣見狀也馬上跪拜齊奏：不能封李選侍，請陛下三思，下詔讓她趕緊搬出乾清宮才是。

朱由校被弄得手足無措，便回答說，自己已經知曉情況，請大臣們退回去。他自己好好想一想。

大臣們見陛下發話，便陸陸續續的退出，有些擔憂的朝臣怕生事端，對最後出來相送的王安說：「王公公，你這次一定要勸諫皇帝，不要中了李選侍的奸計。」

　　得到王安的肯定後，他們才安心的離開。

　　第二天天一亮，眾位大臣又聚集在一起商量目前的形勢，大家都認為，登基的時間還是提前為好，於是讓內官上奏摺，朱由校認為此事不必匆忙，因此沒有同意。

　　擔任吏部尚書的周嘉謨認為事情緊急，不能再拖，於是聯合諸位大臣上疏：陳述李選侍占據乾清宮勢必影響皇帝登基儀式的正常舉行。是一件很大的事情，希望陛下快速決斷，讓李選侍馬上搬走。如果不搬，將會招致武則天之禍。

　　上疏一針見血，朱由校覺得奏摺講得很有道理，就釋出聖諭：頒旨讓李選侍趕緊移宮。冊封貴妃的事情，交給禮部討論。

　　對於李選侍的作為，楊漣更是毫不留情批評：「太子即將繼承大統，上有神靈保護，下有朝臣擁戴，根本就用不著婦人，並說李選侍並不是一個忠心愛國的人，有自己的小算盤，如果一旦專權，恐怕難以抑制。」

　　李選侍正在宮中愁眉苦臉，她從貼身太監哪裡知曉了楊漣和左光斗奏摺的內容，說她打小算盤，圖謀不軌。十分氣憤，巴不得將兩人殺掉。

　　氣頭之上，魏忠賢為她出點子，說可以找個幌子，宣左光

斗和楊漣到乾清宮來議事，騙他們進來，然後再對兩人下毒手。

除掉二位大臣，這樣問題就解決了。

李選侍覺得這個法子好，就著手派人宣他們進宮議事。

這個時候，因為移宮的事情還沒有解決，加上形勢緊張，宮中相繼出現了一些謠言，一會傳左光斗和楊漣等人要被逮捕，一會又傳李選侍垂簾，掌管君王之權。誰也搞不清楚局勢會發展成什麼樣子。皇帝對李選侍的態度是什麼？諸位大臣都想知道一個明確的答案，便聚集在文華殿外面，等候消息。

楊漣針對大臣們的焦急情緒做了安慰，告誡大家不要慌張，安心做好自己的事情，並指出九月六日新皇會舉行登基儀式。

登基前一天，李選侍還是住在乾清宮，根本就沒有搬離的打算。

趁著替先皇守靈扣留太子的事情也落空了，主要原因就是左光斗和楊漣等人看到李選侍的奏摺，知道她不是一個簡單的女人，怕她下黑手，於是便中途改變了計劃，神宗入殮的時候就沒讓朱由校到乾清宮弔唁。而李選侍命人宣他們進去很明顯是想置人於死地，左光斗和楊漣對其中的危險心知肚明，便藉故不去。讓她的陰謀沒有得逞。

李選侍沒轍，直接讓人請太子朱由校到乾清宮，朱由校害怕發生危險，就沒有去，讓人將奏疏傳達給她，督促她儘早搬離。

如果不是左光斗和楊漣的傾心出力，料想朱由校的繼承大

統會生意外。

　　李選侍三番幾次請他們前去乾清宮，就是要剷除異己。但他們都以事情繁忙拒絕前去。幾次使出的手段都不奏效，李選侍無計可施。

　　楊漣見李選侍還不搬離，就前去乾清宮看具體情況。才走到門口，就碰見了才從裡面出來的魏忠賢，就問他，李選侍什麼時候搬離乾清宮？

　　魏忠賢拉下臉來，陰陽怪氣的說；「聽說光祿寺丞左光斗把李娘娘把母子同居一處比作武則天，會遭致禍患。娘娘很生氣，準備追究他的罪責！」

　　楊漣知道魏四肯定是聽了李選侍的話，要去慈慶宮勸說太子，為了讓他打消念頭，他便故作驚詫狀，厲聲說：「你不要在裡面跟著起鬨，你知不知道，幸好這件事遇到我，你要是碰見了其他（大臣），肯定要治你一個欺君罔上的罪名。李選侍如果能順應形勢，早日移宮，那麼封號這些都在，日子也好過。太子登基之後也不會處理她，你如果犯事，難道不怕他（新皇帝）治你的罪？你要想清楚。」

　　楊漣厲聲說完，便獨自轉身回去。

　　留下了目瞪口呆嚇出一身冷汗的魏忠賢。直到楊漣的背影走出了好遠，他才回過神來，細細品味楊大人說的話：他這麼說確實也有一定道理，李選侍畢竟不是皇帝的生母，一個養母而已。我如果出了什麼事情，誰會救我？在宮中這麼多年，他

深知，殺死一個太監就和弄死一條小蟲子一樣輕而易舉。自己進宮圖的就是發財過好日子，一旦被牽涉進去了，丟掉自己的小命還真的不值得。

權衡之下，他覺得要留條後路給自己。

九月五日楊漣再次上奏，請求殿下再下聖旨，讓李選侍馬上離開乾清宮，勸言朱由校要以江山社稷為重，今天就要推進行動。他上奏之後又會同幾位大臣商量具體的措施：怎樣才能讓李選侍遷出？並表示就算自己頭髮全部白了、掉了也要讓新皇帝順利登基。這個話語後來傳到朱由校耳朵裡，讓他很感嘆：楊漣真是一個忠良的大臣。

楊漣又相繼找了方從哲、劉一燝、周嘉謨和孫如游。各自交流了意見。方從哲覺得他們說的有道理，便建議太子下令，立即把移宮的事情解決了，距離登基的時間已經不足一天，再不移宮登基大典就不能如期舉行。朱由校在大臣的建議之下，下了嚴令，要求李選侍速速移宮。

楊漣等人則帶領大臣到乾清宮門前，齊聲呼請她移宮，督促她搬離，李選侍惶恐，沒辦法，只好搬了出來，朱由校當天就從慈慶宮移到了乾清宮，第二天便舉行登基大典，改年號天啟，是為天啟皇帝。

早在移宮的幾天前，魏忠賢還審時度勢，勸告李選侍還是搬走，畢竟現在形勢所迫，沒得選擇。李選侍如果要走的話，可以先將乾清宮中值錢的寶貝帶走，因為這些東西都是明神宗

的，神宗駕崩了，自然是屬於她的。宮中耳目眾多，如果要帶走這些珍寶，就需要安排人手悄悄轉移，對外面可以用移宮做準備的幌子來拖延，這樣就有足夠的時間。

李選侍同意了，讓魏忠賢負責辦理，她身邊的太監們則幫忙配合協助他。

魏忠賢之所以這麼做，除了順應形勢以外，還有一種打算，那就是可以從這些珍寶中拿一部分據為己有，又可以讓李選侍對他有好感。李選侍原來就是信心不足，魏忠賢一旦退步，自己就沒有辦法，初五這一天，她遇到大臣前來喊話，無奈之下只得搬出，抱著自己的女兒，去了噦（音同「會」）鸞宮。

而魏忠賢幫李選侍運送珍寶的事情，因為行事不嚴密，走漏了風聲。

初四晚上，魏公公就開始動手，他先是把必經之路的幾個照亮的燈滅掉，然後帶領幾個小太監從乾清宮裡面往外搬東西，因為是第一次參與偷運珍寶，所以有些心慌意亂，帶的東西太多，小東西不知不覺落在地上也沒有發現，第二天，就有人在路邊發現了，宮中立刻傳得沸沸揚揚。

朱由校很快就知道這件事，光天化日之下居然有人在皇宮裡偷東西，竟敢偷到皇帝行大典的地方了，這件事實在是不能忍，於是命令王安派人著手調查此事，王安得到皇帝號令，馬上採取行動，安排鎮撫司劉僑捉拿，劉僑命令鎮撫司錦衣衛千戶許顯純帶領幾個人前去乾清宮勘察偷盜案情。許顯純覺得這

是個好的立功機會，又可以藉機大撈一筆，於是表現很積極，雖然這個案子是王安掛帥督辦，但具體辦案還是他們的事情，他們現實把看門太監撿到的東西仔細檢視了一邊，發現這些都是乾清宮的珠寶，按照皇宮登記造冊的東西核算，算出了一共丟失了大小珠寶三百六十八件，基本上算是把乾清宮稍微值錢的寶貝洗了一遍。

許顯純將自己的人分成了三個組分別緝拿搜查之事。手下的人很快行動，但是有一組的人在搜查李選侍的時候碰到了釘子。李選侍根本不讓他們進去，李選侍好歹是皇帝身邊的人，怕執意進去吃不了兜著走。

下屬這麼一彙報，許顯純就察覺到裡面的蹊蹺，李選侍不讓進正說明她心中有鬼。思量著十有八九是李選侍將寶貝搬走了。

許顯純不敢怠慢，趕緊把事情向王安彙報了，徵求王安的意見，王安說：「現在皇上很生氣，還是要先找到這些丟失珠寶的下落。不管誰拿走了，肯定要把這件事裡裡外外弄清楚，如果真的是李選侍搬走了，只要查實出來，怎麼處理是皇帝的事情，這個我們管不著。」

許顯純得到王安的意思馬上採取行動，親自帶人前往噦鸞宮搜查。

果不其然，大門緊閉，敲門裡面的人也不理。

許顯純直接採取暴力行動將門砸開。

李選侍看到許顯純一幫人殺氣騰騰地衝進來，嚇得魂不附體，以為是新皇帝登基要對他們母女下手，趕緊把女兒抱在懷中，一臉驚恐的神色，顫抖著嘴唇，結結巴巴的問許顯純：「你們……進來要做什麼？我已經按照你們的意思從乾清宮搬出來了，你們還要趕盡殺絕嗎？」

　　許顯純加重了語氣，逼問道：「妳是搬出來了，可是拿了不該拿的東西。」說完號令手下馬上搜尋整個屋子，幾個人馬上翻箱倒櫃，把屋裡內外翻了一個底朝天。

　　李選侍很無奈的看著這幫人肆意粗暴的對待她的暖閣，心裡難過的掉眼淚，想當初明光宗在世的時候，她有多榮耀，不要說這幫下人，就算是朝裡的大臣都要給她幾分面子，所到之處都是諂媚和阿諛奉承，自己一個不滿意的神情都會嚇得周圍人顫抖，哪像現在這些人明著欺負她，簡直是沒有把她放在眼裡，真的是此一時彼一時也。

　　也就短短五天時間，她就從天堂落到地獄，體會了世間的殘酷現實。

　　許顯純等人在李選侍住的暖閣好一陣翻動，才找到了四十多件珠寶，除了珍貴的象牙，還有深海的珍珠、翡翠花、黃玉花盆、夜明珠、玉如意等等。這些價值連城的珠寶看得許顯純心花怒放。

　　這些珠寶居然被一個女人拿了去，自己只能看著，不能拿真叫人難受，三百多件珠寶只找到四十多件，還有相當數量可

觀的珠寶，怎麼沒有看到？他把目光移到門口的李選侍身上，責問她：「乾清宮的其他寶貝藏在哪裡了？」

李選侍一聽許顯純的發問，有些困惑。

反問道：「什麼，乾清宮的寶貝？」

「不要裝蒜，乾清宮一共是三百六十八件寶貝，我們搜查了半天，才找出四十多件，妳老實交代，還有三百多件珠寶哪裡去了？」

李選侍現在才明白了對方的來意，委屈湧上心頭，哭泣道：「天在做，人在看，我搬出乾清宮的時候，只帶了一個孩子過來，其他的東西我都沒有拿，不知道是哪個死鬼把珠寶偷走了又來誣陷我？」

她真的是有些傷心，這不是擺明的誣陷和冤枉嗎？她現在是看清楚了，身邊的奴才都是一些見利忘義的小人，以前跟著她耀武揚威、作威作福，在她面前百依百順。現在她失勢，這些奴才不僅不幫她，反而還來禍害她，這實在讓人寒心。

「哭是沒有用的，乾清宮的珠寶不在了，不是妳藏起來了哪還有誰？難不成它們自己長腿跑了？」

李選侍如夢如醒，她想到了一個人，原來自己一直被藏在鼓裡。這些寶貝十有八九是被這些奴才瓜分了，自己只得到了十分之一，她越發覺得自己委屈，不停的哀嚎哭泣，並說自己不活了。

一邊說一邊就抱著自己的女兒往暖閣外的井邊走，作勢要跳。

許顯純跑上去直接把她拉下來，厲聲道：「再這樣不要臉耍無賴，我就給妳點顏色看，把妳關進我們鎮撫司，嘗嘗刑法的滋味。」

這麼一說，李選侍果然被嚇到了。不再吭聲了。

許顯純分析一下，看來不像是李選侍拿的，就轉而問她：「那天妳從乾清宮搬出來，是誰幫妳搬的家？」

李選侍只得如實回答，都是自己身邊的幾個奴才。

「那幾個奴才現在在哪裡？」

「不知道，搬完家之後，他們就散開了，留下我一個人孤家寡人。」

許顯純明白了，肯定是李選侍身邊的幾個太監搞的鬼。馬上下令手下前往太監的住處捉拿幾人。

錦衣衛很快就來到了太監住處，找到了劉朝，張珂等五人正在住的地方賭錢，玩得不亦樂乎，其他幾人正在屋裡休息，錦衣衛馬上搜查了太監的住處，很快就搜出了三百多件寶貝，許顯純將幾人和寶貝全部逮到鎮撫司進一步審問。

王安在忙完天啟皇帝登基大典之後，才抽出身來審判幾個偷竊珠寶的太監，他和劉橋坐在審判臺上，吩咐左右將犯事的太監十餘人押到堂上來，這些人一上來，王安就讓錦衣衛打了每人四十棍子，直接打得這些人哭爹喊娘，然後審問他們如何將乾清宮的寶貝偷走的。

這些太監在刑罰之下很快招供，是李選侍身邊的李進忠（魏忠賢）指使他們做的。

　　「那他人在哪裡？」

　　「你們去抓我們的時候他剛好走開。」

　　「說的可是事實，如果不屬實，那可有你們好受的。」

　　眾人紛紛表示絕對屬實。

　　王安馬上下令讓許顯純帶人去緝拿李進忠（魏忠賢）。

　　幾人又前往太監的住處，一陣搜尋之後還是沒見到人影，彷彿是消失了一般。

　　當錦衣衛在內宮中到處找他的時候，他此時正在拜把的兄弟魏朝那裡呼呼大睡呢！

　　小便在關鍵時刻救了他的命。

　　原來，當李進忠（魏忠賢）為李選侍想的辦法都沒有得逞後，他已經清楚地意識到，自己跟隨的李選侍已經日落西山，自己再跟著她，肯定是沒有未來的，說不定還會因此遭受牽連。

　　晚上睡覺的時候，他想了很久，自己來宮中幾十年了，受了很多罪，現在自己依附的李選侍是沒指望了，自己還是要找好一個退路，自己來宮中是追求榮華富貴的，乾脆就趁著李選侍搬離乾清宮的時候，偷一些寶貝出去賣，換些銀兩，這樣自己的後半生也不愁吃穿的，即便是以後東窗事發，也絕不會怪到自己的頭上。

他打好如意算盤，在第二天就來到李選侍身邊，幫她出主意。向她陳述現在的情況，告誡她說，現在太子朱由校已經繼承大統，自己要脅迫天子是不可能了，況且有眾多的大臣保護，現在唯一的辦法就是，順著形勢，搬走算了。

李選侍聽了他的建議有些不甘心，那就這麼走了？

李進忠（魏忠賢）說：「現在乾清宮有這麼多寶貝，很多都是價值連城的珠寶，妳可以趁著搬離乾清宮之際，帶走一些珠寶，這樣以後吃穿不愁，日子也過得瀟灑，也不能看那幫大臣的臉色。」

身邊的太監也積極附和。

看來是沒有辦法的辦法了，正要準備搬，李進忠（魏忠賢）又告誡她，還是要偷偷的搬，以免讓那些大臣抓住把柄。經過他細緻的分析。李選侍同意把搬珠寶的事情交給魏忠賢安排，這就出現了之前的那一幕。

其實李進忠（魏忠賢）也是在為自己打算，乾清宮的所有珠寶，有一小部分搬到李選侍的住處，大部分財寶都被她和身邊的太監搬到自己的住處了。

他自己挑選了一二十件值錢的寶貝，把它們全部埋到自己以前在御馬監工作的馬槽下面。事情做妥當之後，他回到自己的住處就開始睡覺，一直睡到下午，吃了點東西，幾個太監正在賭錢。

他本來想去參賭，但突然尿急想去小便，於是就跑到廁所去撒尿。愜意的撒完尿之後，他正在繫褲子，這個時候突然聽到了一陣急促的腳步聲和喊話聲

「來呀，給我搜，全部抓了！」意識到事情不好，他探出頭看見，十幾個錦衣衛闖進屋子裡到處翻東西，他嚇得雙腳打顫。背後一陣發涼。這些人動作簡直太快，這麼快就抓到這裡來了，死定了。

他馬上蹲在牆角，找了身邊的一個乾糞桶把自己罩上，縮成一團，躲在角落裡。

一個錦衣衛來到廁所望了一眼，他深怕被人發現了，那個錦衣衛只是大概靠近望裡面探了一眼並沒有細看，直接轉身就走了。

過了一陣，等錦衣衛的人全部走了以後，他聽到外面沒有任何動靜了，才取下糞桶，往外看。

等錦衣衛走遠了，他便找了個帽子戴上，然後挑著糞桶來到了自己最初入宮工作倒馬糞的地方，覺得這個地方很安全。這個地方除了前來倒糞的宮人，基本沒有其他人來，就把糞桶放在一邊，躲在一個專門放置糞桶的破房子裡，一直待到三更半夜，才來到了司禮監秉筆住的地方，把糞桶放在廁所裡，跑到了自己結拜的兄弟魏朝屋裡。

那時候魏朝剛才乾清宮回來。回到自己的住處還沒有鬆一

口氣，一個黑影一下子竄出來把他嚇蒙了，定眼一看，原來正是李進忠（魏忠賢），他趕緊把大門反鎖，對他說：「你知不知道，現在外面都在抓你呢，你不跑遠點，在我這裡做什麼？」

「抓我？那件事又和我沒有關係。」

「我還不是受李選侍逼迫。」李進忠一副懊惱悲傷地樣子。似乎他真是被冤枉了一般。

魏朝本想靠近問他具體情況。剛一靠近，一大股難聞的糞桶的味道熏得他直接想吐。

「你才從廁所裡爬出來啊！」

「我怕出事。那些人找到我，所以我藏在裝糞桶的窩棚裡一直待著，今天一早才裝成清理糞便的宮人跑到你這裡來了。」

魏朝說：「你們現在真碰上大麻煩了，乾清宮是什麼地方你們也敢隨便偷，偷得還不少，基本上全部拿完，一些小件東西落在地上被發現了，這下子完蛋了吧。」

經過魏朝這麼一說，李進忠（魏忠賢）才知道，原來之所以鎮撫司錦衣衛的動作這麼快，原來是偷盜珠寶的事情出了岔子，他馬上跪在魏朝面前，一把鼻涕一把淚的懇求他，救自己一回。

魏朝趕緊安慰他說：「你我都是拜把兄弟，都是家門，有什麼事情，能幫我一定幫。」

魏朝的話讓李進忠（魏忠賢）十分感動，心裡想，幸好平日

裡跟他拉關係走得近，關鍵時刻作用就出來了。

「那你有沒有參加乾清宮的盜寶案？你如實告訴我，我好想辦法。」

李進忠（魏忠賢）計上心來，這些事情肯定不能如實說，到時候真的吃不完兜著走，就表示，偷珠寶的事情不是他想做的，他是受到李選侍的逼迫去做的，得罪了朝廷的大臣，但盜竊珠寶的事情全是李選侍身邊的奴才，跟他沒有任何關係，乾清宮的寶貝他一件都沒有染手，以前放在魏朝兄弟的幾件寶貝，都是李選侍看他做事認真獎賞給他的。

「我現在是跳進黃河也洗不清了，抓進去小命大概也沒了。」

魏朝見拜把兄弟哭得傷心，覺得他肯定是冤枉的，就安慰他說，你放心，既然你沒有做這件事，我去跟我的師父王安商量，他一定能秉公處理，這個案子現在的負責人是他。

李進忠（魏忠賢）說：「兄弟，大哥的小命現在放在你手裡了，如果能夠救我，以後就算是當牛做馬我也心甘情願。」

「你我兩個認識這麼多年了，幫你也是分內之事，我們兩個的關係，不用這麼客套，現在時間不早了，我們早點休息，明天一早我去找師父討論。」說完就盥洗休息了。

李進忠（魏忠賢）躺在床上一直睡不著，他在想，自己還有什麼辦法呢？

第二天天一亮，魏朝把大門鎖上，就去司禮監當差去了，

被鎖在魏朝的屋子裡，暫時沒有危險，鎮撫司的錦衣衛大概也想不到他會躲在這裡，現在唯一的期盼就是希望自己能夠撿回一條命。

魏朝還是人好啊，真的沒有白交往。我沒有看錯人。

記得魏忠賢剛進宮的時候，名字還不叫李進忠，而是跟隨了原本的姓，叫魏進忠。當時孫暹把他介紹入宮之後，安排他在一個成天和馬圈打交道的職位做事，就離開了。

進宮之後，他才知道，宮廷的生活並不像他想的那樣自由美好，因為不識字，所以只能做一些粗活重活，比如清理馬廄的糞便、倒水劈柴等等。只能填飽肚子，要說和宮外的生活比，還真的不怎麼自由，不過魏忠賢是一個很容易滿足的人，宮廷雖然生活普普通通，但至少不用面臨哪些催債的人了，生活也算安定，於是就安心在宮裡日復一日的工作。

一次巧合，他認識了魏朝，魏朝也在宮裡當差，當他聽說魏忠賢也是河北人時，覺得很高興，在宮裡遇到老鄉太不容易了，加上又是同姓，就對他很不錯。

那時候魏朝混的很好，主要是他的師父王安被萬曆皇帝提升為司禮監秉筆太監，魏朝也隨著恩師職務的提升得以任職秉筆太監兼兵杖局印。魏忠賢那時才進宮，能夠結識實權派的機會肯定不會犯過，認準了魏朝之後，他就三天兩頭請魏朝吃喝，用節省下來的錢幫他買東西。經過這麼頻繁來往，他們的關係也越來越密切。結成了拜把兄弟，內宮的人稱他們為大魏、

小魏。

魏朝是一個心地善良講義氣的人，信守承諾，答應了魏忠賢的事情就會認真去辦，只要有機會，都會誇大魏人多麼多麼好，更是在恩師王安面前經常說魏忠賢的好話，王安聽魏朝這麼一說，仔細觀察了下，發現這個魏傻子身上確實有很多優點，機靈聰慧，辦事果斷。所以當朱由校的親生母親王才人那裡缺個操辦伙食的，直接就把魏忠賢調了過去。

管理伙食自然有錢可賺，魏忠賢賺到錢，自然更加賣力，同時也沒有忘記自己的好兄弟魏朝和恩人王安，經常送東西給兩人，以表謝意。

可是，這個職位沒有做多久，就在魏忠賢全心全意侍候王才人和她的兒子朱由校的時候，李選侍因為嫉妒吃醋，竟然下手把王才人打死了。

朱由校沒了娘，魏忠賢也沒辦法，只有回到以前的職位惜薪司。

李選侍因為只生了一個女兒皇八妹，沒有兒子，為了鞏固自己的地位，讓自己以後能夠名正言順的把持朝政，就向寵愛自己的太子提出要求，去撫養朱由校，朱常洛答應了，這樣一來朱由校就李選侍撫養，魏忠賢又被調到李選侍的府邸李做事，為了取得李選侍的好印象，魏忠賢把自己的姓改成隨母親的李姓——李進忠。

魏朝做完宮中的事情已經不早了，他帶了一些好吃的好喝的回去，給李進忠（魏忠賢）吃，李進忠餓了一天，接到魏朝帶回來的豬頭肉和稀飯就狼吞虎嚥吃起來。

大朵快頤之後，他才想起正事，問魏朝：「王公公怎麼說？」

「才忙完新皇登基的事情，還有很多事情，現在王公公忙得腳都落不到地，到現在也沒有回來，我也沒有見到，不過你放心，你在我這裡住，很安全。等一陣子我再去問問看。」

過了一陣，魏朝收拾衣服起身。

魏忠賢說：「你現在去哪裡？」

「我現在去看看王安回來沒有，我看你也著急。」

說完，就轉身離開了。

魏朝到王安的住處等了不久，就看見王安從乾清宮的方向回來，見魏朝現在來找他，心裡就猜到了可能又是替哪個人來辦事拉關係。他故意問他：「這麼晚了，找我有什麼事？」

魏朝說：「其實也沒有什麼事，最近很忙，沒有時間來拜訪恩師，今天正好有空，所以就來看看您。」一邊說一邊把攜帶的糕點放在王安面前的桌子上。

「這是我特地為您帶的點心，您嘗嘗看，合不合口味？」

王安心裡一陣暖流，他在宮裡要說很親的人，還真不多，這個魏朝算是一個，魏朝年紀不大，很會處事，他對待魏朝就像父親對待兒子一樣，覺得這個人辦事可靠，心地善良，富有

愛心,所以在自己升遷的時候也將其提拔到司禮監的秉筆太監職位。

「你有什麼事情,就直接說吧。」

王安知道魏朝找他肯定不只是看他這麼簡單。

魏朝笑了笑,說:「師父,你還記得我大哥魏進忠(魏忠賢)嗎?」

「記得啊?你不是說過多次嗎?」

「他後來改名了,改成了李進忠,但這個名字和那個犯事李選侍身邊的重名了。」

王安說:「這個案子是我審的,抓捕的十幾個太監奴才都說他才是主謀,這是皇帝欽定的案件,你還是不要插手。」

「如果真的是李選侍身邊的那個李進忠我才不敢為他說情,我是怕鎮撫司的錦衣衛誤會,抓錯人可就不好了,所以特地向您報告。」

「真的有重名的?」

「對啊,我大哥就是這個名字,他的為人你也清楚,我不可能騙你的。」

「他一直都在惜薪司做事情,我以我的名譽保證,他沒有參與乾清宮的盜竊珠寶案。」

王安聽他這麼一說,是有點印象。這個李進忠(魏忠賢)之前來看過他,帶了一棵補身體的人參給他,人看上去十分實在,

而李選侍身邊的那個李進忠，聽大臣說做事亂來，全都在幫李選侍出鬼主意，說不定確實是重名了，就說：「我知道了，讓你大哥不要隨便走動，讓錦衣衛抓了可就說不清了。」

「嗯，師父，那我先走了，您早點休息。」

魏朝回到住處，把自己和王安的對話一五一十的告訴了李進忠（魏忠賢），李進忠才鬆了一口氣。露出了微笑。

一個做了盜竊乾清宮珠寶的主謀就這樣被魏朝的謊言救了。

王安這邊算是擺平了，但魏朝在路上碰見了時任工科給事的官員李春燁，同路的時候他也把這件事跟他講了，因為李春燁和刑部尚書黃克瓚關係很好，魏朝因為平時經常在朝堂上傳話給他，所以兩人關係也不錯，他也請求李春燁幫忙說情，把大哥李進忠（魏忠賢）和李選侍的身邊的那個人李進忠進行強烈的差異對比，並就事情的緣由談了一遍，要求他跟刑部尚書黃克瓚打點一下，不要抓錯了人。

李春燁滿口答應，說：「這件事是你師父在辦，我找黃尚書大概說不清楚，要不然這樣，你讓你大哥李進忠來找我，把事情的經過說給我聽一下，我好想辦法。」

於是，李進忠就透過魏朝的關係認識了工科給事官員李春燁。

為了能夠讓李春燁也幫他說情，魏忠賢在自己藏寶的馬槽下取了一件寶貝——玲瓏寶塔，並在夜幕時分就來到了李大人家裡，然後故技重施，聲淚俱下大呼冤枉，說自己這名字太倒楣

了,和犯事的那個李進忠又偏偏同名同姓,李大人,你素能明辨是非,煩請你在皇上那裡幫我說說情,請他開恩,千萬不要抓錯人,把我當成犯事的那個李進忠抓起來,說完不失時機的把口袋中的寶貝遞了上去。

明眼人一看就知道李進忠肯定是犯罪的參與者,要不然這寶貝從哪裡來?這一件金光閃閃的寶貝太璀璨耀眼,只看得李春燁目不轉睛,兩眼放光,於是就欣然笑納了。

這個玲瓏寶塔堪稱是西湖雷峰塔的迷你版,不僅造型精緻,而且在四個屋簷角上掛的還有風鈴,微風輕輕一吹,悅耳的聲音讓人沉醉。

李大人不知道是受到了寶貝還是答應過魏朝,總之在李進忠的事情上他使出了渾身解數,他一方面找到了自己的好朋友,擔任御史大人的賈繼春、刑部尚書黃大人,讓他們一起幫忙說情,另一方面又找到王安,稟報了乾清宮盜寶案情況的分析,然後又緊緊跟隨王安一起面聖,講述了此李進忠和彼李進忠不是同一個人的主張,請皇上開恩。

皇帝雖然年少,可是不糊塗,既然沒有犯罪,何來開恩?但看見王安都來求情了,李春燁更是幾次上疏,也不好說什麼,於是就說你們看著情況辦就是,把包袱丟給他們自己解決。

事情這麼決定,那麼李進忠(魏忠賢)的處境終於轉危為安,沒有受到影響。其他小太監在入獄之後,也相繼找關係打點運作得以減輕赦免。

因為李春燁盡心幫忙，所以在魏忠賢得勢之後，他也一路隨之升遷，官至兵部尚書，後來魏失寵以後他也隨之失勢。

　　魏忠賢雖然躲過一次災禍，但他留給廷臣的印象不好。特別是在移宮案為李選侍賣命的言行，讓大家對他頗有看法。

　　為了讓自己更安全一些，他索性把李進忠的名字改成了魏進忠，至於那個遭受多種罪名的名字，就讓它沉默在時光裡吧。

改變命運

　　魏忠賢已經過了天命之年，今年 52 歲了。50 多歲就算不是在古代，而是在現代，也基本上宣布人生完全定型了。

　　雖然五十多歲了，魏忠賢卻一點也不慌張，他樂觀豁達的性格一直都沒有變。正當他躲過一場危險，鬆下一口氣的時候，一個女人改變了他的命運。讓他打開了飛黃騰達的機遇之門。

　　這個女人就是天啟史上響噹噹的奶媽——客氏。

　　客氏能進宮完全就是機緣巧合，萬曆十三年十一月二十五日，皇宮一個新的生命誕生，這個孩子就是時任太子朱常洛和宮女王氏偶然交合生下的朱由校。

　　朱常洛是自己的父親明神宗朱翊鈞和皇太后宮裡的宮女在御花園中交合生下的，被父親厭惡，看不上眼，他自己也自然看不起宮女王氏生下的孩子，認為她卑賤。但無論怎麼不喜歡，畢竟是朱家皇室的血脈，又是太子朱常洛的第一個兒子，朱常洛還是把宮女王氏封為才人。

　　王才人只是被朱常洛臨幸過一次後就沒有了興趣，拋棄在一邊不管不問，王才人遭此待遇，只有默默以淚洗面，孩子才生下來不久，缺少奶吃。雖然作為皇室的血脈，宮內司禮監有

多達四十個奶媽,還有七八十個後備的奶媽,但這些奶媽無論是誰,只要餵奶,朱由校只吃了一口就不再吃了,不吃奶肯定就要挨餓,孩子整天就是哭。後宮負責餵養的人十分頭痛,最後被逼無奈,只好派遣錦衣衛到皇宮周圍的街道上找哺乳期的婦女,看能不能找到適合餵奶的人。

客氏的全名叫客印月,她是一個樸實的農村婦女,十六歲的時候經人介紹嫁給了河北省定興縣四古洞鎮候贏村的侯天寶,因為丈夫在候家排行老二,故稱候二。

兩人婚後生有一子,取名侯國興,日子雖然算不上富裕,可也過得吃穿不愁,十二月,客印月打算進城購置一些年貨,隨便置辦一些物品,候二對老婆的要求很看重,馬上就找了一輛獨輪車,客氏懷抱著孩子坐在獨輪車上,候二推著前行。

接近中午的時候,他們到達了城區,候二將老婆從獨輪車扶下來,孩子差不多也餓了,客氏站在角落裡歇息,順便為自己的孩子餵奶。

才餵上沒多久,就只見幾個錦衣衛直接衝向她這邊來,將她手中的孩子搶過來放在一邊歇息的候二手中,二話不說,架起客印月就走了。

候二抱著嗷嗷待哺的孩子追到街口,看到客氏被拖到一個馬車上,然後向北邊方向駛去,他被這一幕嚇得目瞪口呆,半天才回過神來。

他不知道，錦衣衛抓他的老婆做什麼？

客印月被抓到馬車上，坐了一夜，迷迷糊糊的，隨便怎麼呼喚都沒用，直到馬車停下，她被拉了下來，看著高大深紅的院牆和金碧輝煌的宮殿，她才知道這是到了皇宮，後來，一名太監模樣的人把一個啼哭的小嬰兒塞給她，讓她餵奶，她明白了，原來錦衣衛軍爺抓她來是為皇子餵奶。

奶水在胸中待了一夜，正是脹的難受的時刻，客印月慌忙把衣服解開，然後把乳頭伸進孩子的嘴裡，啼哭的朱由校居然不哭了，津津有味的吸著奶。而且吃上了便再也捨不得放開。

吮吸了好一陣，吃飽了奶水才又睡去。

客印月看著沉睡的孩子，這孩子長得十分乖巧，圓圓臉頰上有一雙葡萄似的眼睛。分外可愛，初為人母的天性讓她很喜歡這個孩子，當太監提出讓她當這個小皇子的奶媽時，她毫不猶豫的答應了。直接就進了宮裡。

這一年，她才結婚兩年，十八歲。

客印月雖然是農村的女孩，可是長得頗有幾分姿色，加上她皮膚白，身材好，鵝蛋臉，換上宮裡好的衣服時，凹凸有致的身材就顯現出來了，能夠到皇宮裡當奶娘，也不錯了。

畢竟她哺育的可是小皇子，能當皇子奶娘這是多麼榮耀的事情。

不過，剛進宮不久客氏就有了落差感，她發現，自己餵養

的皇孫朱由校在宮中頗受冷落，皇子的生母王才人生活更是處處受氣，皇子的父親雖是太子，但在宮裡卻地位飄搖，岌岌可危，周圍勢利的人都根本不把這個皇子放在眼裡。然而客氏卻任勞任怨，只要是照顧小皇子的事情，都很費心。悉心照顧著小皇子朱由校的飲食起居，不計得失。在朱由校百日期滿需要剃頭，按理需要宮專科門「篦子房」來專職管理，但她將皇孫的胎髮、落齒和指甲妥善的儲存好。裝在精緻的箱子裡。

但宮中的生活沒得想像中那樣自由快樂，代之而來的是枯燥、無聊和艱辛。宮中環境封閉，等級嚴格，說什麼話做什麼事都必須依照嚴格的規矩，客氏才十八九歲，進宮之後和宮外的丈夫聚少離多，不能享受天倫之樂。這讓她很受煎熬。一有機會就想回家，但奶媽這個工作不能隨意讓她走動，一來皇孫天天都要餵奶。而來宮中出入都需要腰牌通行。

在這樣的時光中，她只好把所有的情感傾注到小皇孫身上。

等到朱由校一歲多的時候，餵奶的次數不那麼頻繁，她才有空回家。

一兩年的時光轉瞬之間就過去了，客氏回到自己的家，才知道自己的老公候二過得很不容易。因為要照顧兒子，加上長時間見不到客氏，憂鬱思念，導致丈夫積勞成疾，拖了一段時間，便離開了人世。

自己的兒子侯國興則被託付給了堂兄候天文照看。

回一趟家遭遇如此變故，客氏十分歉疚。以後就時常回來，帶一些好吃的給兒子，為候天文帶一些銀兩，用作生活補助之用。

客氏一直餵養朱由校到六七歲，按照明朝的規定，奶媽養到這樣的年齡就該離宮回家，但朱由校根本就離不開她，客氏只要一走，他就大哭大鬧，一直到他以後當了皇帝也是如此，幾天沒見到客氏就要召喚身邊太監，追問客氏身在何處？

等到朱由校斷奶之後，客印月的工作才輕鬆了些，從奶娘變成了保母，每天天不亮就要起床，趕到乾清宮裡，等小皇子醒來。醒來之後就要伺候他穿衣服、盥洗、吃飯，客印月沒有讀過書，對待朱由校的方式也採用了農村的辦法，經常帶他到宮外去看木匠工作、放風箏、爬樹、玩遊戲等等，等到時間不早又帶他回來休息。

白天帶著朱由校玩耍，時間過得很快，但是一到晚上，她就很難熬，獨自在宮裡一個人與漫漫長夜相對，雖然偶爾有機會可以回家探親，但是也有次數限制，一個風華正茂的女人很需要一個會疼她愛她的人呵護。

魏朝就是在這樣的情況下與她相識。

有一次，客印月伺候完小皇子，回自己的住處休息，天色已晚，下了些小雨，道路溼滑，還沒有走到自己的住處就摔了一跤，痛得她咬牙，後宮很安靜，沒有任何聲音，想到自己一個人受苦，連個關心的人都沒有，她突然有些委屈，淚水也吧嗒

吧嗒的滴下來。

正當她悲傷之際，一個人影慢慢的靠近她，伸出一隻手，拉她起來，站定之後，才看清楚原來是皇子的奶媽客印月，就關心地問：「摔痛了嗎？要不要找個大夫看看？」

這個問候的人不是別人，正是魏朝。

魏朝的關心讓客印月有了一絲感動，自從她進宮當奶媽一來，還是第一次有人主動關心她，連忙表示，沒什麼大礙，謝謝魏公公。

魏朝見她摔傷，有些擔憂，就親自送他到住處。

路上，客印月問他：「魏公公也很忙？這麼晚回來？」

「太子宮的事情比較多，好多需要處理。才忙完。」

「魏公公既然忙完了，要不到我的住處坐一坐？」客印月熱情邀請他。

魏朝見時間不早了，就推託說：「今天就不去了，改天一定來看妳。」

第二天，魏朝就帶著精心準備的果盒到客印月的住處，客印月十分高興，熱情的接待他，空屋之內，兩人越看越對眼，魏朝雖然長得瘦削卻很有精神，客印月在魏朝的眼裡也是怎麼看怎麼可愛，就這樣，兩人就生了情愫。

客印月空閒的時候就幫魏朝修補衣褲，打掃一下屋子的環境，魏朝則幫客印月做一些費力的工作，兩人乾柴遇烈火。很

快就在一起偷情，雖然不能達到平凡男女之間的精神享受，但是也可以釋放寂寞，得到慰藉。

朱常洛繼承大統之後，對王安很放心，王安就把魏朝提升為乾清宮的秉筆兼兵杖局掌印。兩人年紀相仿聊得來，王安就默許他們在一起。他們在宮中結成了「對食」（太監和宮女過夫妻的生活的稱呼）。

有了王安的同意，他和客印月便公開住在一起。

而客氏和魏忠賢第一次見面便是在好兄弟魏朝那裡。

新皇帝登基的一段時間裡，司禮監的事情很繁忙，魏朝在王安的交辦下，辦理著大臣覲見、上疏奏摺等瑣事，忙得團團轉，和客印月聚少離多，加上為了讓早日讓李進忠（魏忠賢）牽涉的盜竊案塵埃落定，他決定找找客印月在皇上面前說說情。

剛好，客印月服侍完皇帝休息，就跑到魏朝這裡來玩，這時，魏朝出去幫李進忠（魏忠賢）準備晚餐去了。屋子裡就只有魏忠賢，客印月進去看到魏忠賢吃了一驚，說：「啊，魏大哥，你怎麼在這裡？我們好有緣分吶。」

的確很巧啊，他心裡還不知道客印月是魏朝喊來幫忙的，

對於找客印月這件事，魏忠賢也很想託她幫忙，但考慮到她目前的身分地位已經不像當初那麼卑微，見面不方便，而且自己和她關係普通，只是熟識的關係，如果出了意外，自己被套進去就完了。

見客印月叫他，他趕緊搬出一根竹凳讓她進來坐。說魏朝馬上就回來。

客印月站了一會，並沒有馬上入座，魏忠賢以為她是嫌棄凳子不乾淨，於是就用自己的袖子仔細的擦了一遍，這個細節讓客印月很感動，真體貼，做事好細心。

她抬頭望了一眼魏忠賢，高大健壯的身材，氣宇軒昂，一臉誠實的樣子，給人感覺十分穩重。魏忠賢怎麼這麼好看，以前就不覺得他這麼好啊。

客印月的目光在魏忠賢身上掃了一圈，直看的魏忠賢不好意思。以為是自己身上有破損的地方，於是拉著自己的衣服左看看又看看，沒找到破損的地方，只有呵呵的傻笑。

魏忠賢看著客印月的眼睛，發現她的眼睛裡閃爍著一種渴望，攝人心魄的痴迷。他不由得心生歡喜，就用同樣火辣辣的目光投送回去。兩個人在屋子裡就這麼看著，客印月的心裡又開始驚濤駭浪，忘記了自己和魏朝結成過對食，不覺得又害羞起來。

魏朝進來的時候，還半開玩笑的說：「你們在練眼力？一直看著對方。」

兩人才回過神來，魏朝把飯菜擺到桌子上說，我正好帶了晚餐，大家一起吃吧。

「我早就吃了。」客印月看著魏忠賢，現在沒吃飯的只有魏

大傻吧。

魏朝哈哈大笑說:「我這幾天事情多,現在魏大哥遇到麻煩,宮裡那個盜竊案嫌犯和他重名,所以現在住在我這裡,怕鎮撫司的人抓錯了。我也正準備找妳,讓妳在皇帝面前為我大哥說說情呢!」

客印月沒有回答,只是微微一笑,魏忠賢趕緊起身倒了一杯開水,放上紅糖遞給她,然後又從懷裡掏出了一支金光閃閃的簪子放到客印月的面前。

簪子構造精緻絕美,看得客印月心花怒放。

她拿在手裡反覆的看,讚不絕口,半晌才說:「這真是給我的?這麼貴重的東西。你還真會挑東西!」

「這個是李選侍見我做事認真,特地賞給我的,我就帶來給妳了。」

魏忠賢的說話和魏朝之前講的有些出入。

魏朝正在拿碗筷,聽到魏忠賢這麼講,捏了一把汗,趕緊示意他不要亂講,而此時,他正在興致上,走到客印月的身後親自把簪子別在她的頭上,一股電波讓客印月喜不自勝。

「真好看,」魏朝說:「我夫人帶上去真適合。」

「這件寶貝就是為夫人量身定做的。」魏忠賢說。

客印月笑嘻嘻的:「現在時間不早了,就不打擾你們吃飯了,我就先走了,你們放心,我一定向皇上講明,看我的好了。」

說完轉身離去了。

魏朝見客印月走了，連忙挽留：「這麼快就走了啊！忘記我了？」

客印月沒有理會，扔下一句：「我先走了。」

回到屋裡之後，她到腦海裡揮之不去都是李進忠（魏忠賢）為她帶簪子的畫面，心潮澎湃，久久不能平復。

第三天，在得知魏朝去向皇帝報告事情的空檔，她直接去找了李進忠（魏忠賢）。

在宮中這麼久了，閱歷已經很有經驗，魏忠賢一眼就看出來了客氏對他有意思，他知道客印月還會來找他的，加上自己對她也有好感。就打算和她進一步發展，果然不出他所料，在床上才休息片刻還沒有睡沉，客印月就來了。

客氏在門開敲門，問道：「魏大哥在家嗎？」

魏忠賢輕聲答道：「在，稍等。」馬上起身就把門迅速打開，直接拉她進來，又快速關上。還沒等客印月回過神來，一下子就抱住了她，嘴裡邊親邊說：「妳可想死我了。」

客印月有些害羞的表示自己是魏朝的對食。

「魏大哥你不擔心他找你麻煩？」

魏忠賢說：「他喜歡妳，我更喜歡妳，麻煩算什麼？我願意天天陪妳，魏朝兄弟不知道疼妳，整天忙公務，我來疼！」

「你不怕對你下狠手？」

「為了妳我什麼都願意，就算死了也值得。」客印月聽到他這麼難說，心裡感覺暖暖的，從來沒有一個男人敢這樣果斷對她表示愛意。

魏忠賢和客氏很快就如膠似漆，兩人在床上纏綿悱惻。墜入愛河。自從這以後，兩人經常趁魏朝不在，過「夫妻」生活。

和客氏苟合之後，他只是蜻蜓點水的提了下自己的要求，希望客氏有機會幫他，客氏自然允諾。果然，過了幾天，魏忠賢就得到了一個好消息。

過了幾天，客印月找到魏忠賢，笑嘻嘻地說：「你要怎麼感謝我？」

「那要看有什麼好事了？」

「還不止一件好事。」

「我已經向皇上說了，乾清宮的盜寶案是惜薪司的李進忠做的。不是李選侍身邊的李進忠，名字雖然一樣，但是人不同。當年李進忠在皇上你小的時候經常幫你的親生母親做事情，認認真真，任勞任怨，照顧你們母子。經常帶你出去玩，有一次你在湖邊玩耍，不小心腳滑，摔倒了湖水中，那時候是冬天，身邊的奴才都不敢去救你，還是身邊的李進忠（魏忠賢）不顧危險連鞋子都沒脫，跳進水裡，救你出來。」

「皇上聽我這麼說了以後，感動得一塌糊塗。說這樣的忠良之人應該封賞！」

「然後呢?」

「乾清宮的盜寶案就與你無關了。」

「這麼說我現在真的自由了,可以想做什麼就可以做什麼了?再也沒有人懷疑我了?」

「嗯,不僅僅如此,皇上還要封賞。不過,聖旨要幾天才下來。你不要心急。」

聽到客印月這麼說,魏忠賢抱著她在屋裡轉了幾圈,一邊親一邊說:「妳真的太好了,月月,妳真是我的心肝小寶貝。」

九月十五日,皇上下旨,惜薪司李進忠非盜寶案的李進忠,對此人不予追究。

被鎮撫司逮捕的其他太監,除了趙六和孫旺被判斬首之外,其他人都託關係,找人送禮給許顯純,過了幾日也放出來了。所盜竊的珠寶一大半還給了乾清宮,剩下的一小部分,以遺失沒有下落為由不了了之,其實落在了許顯純和魏忠賢的手裡。

一場震驚宮內的盜竊案就這樣潦草結案。

二十一日,皇帝降旨,追封自己的生母王才人為孝和皇后,遺骸遷到慶陵埋葬。奶媽客印月因為撫養聖上勞苦功高,封為奉聖夫人,賞賜一座府邸咸安宮。蔭封客印月之子侯國興擔任錦衣衛千戶,賞賜西華門外的府邸一座,擇選二十畝良田為客氏的護墳香火田。另外安排御用監鑄了一枚兩百兩重的玉筋篆文金印。書刻「欽賜奉聖夫人客氏印」,以示尊榮!皇帝對

客氏待遇優厚，已經是超越妃嬪的禮遇了。

對於這樣的賞賜，朝廷大臣一片唏噓之聲。

御史大人左光斗上疏天啟說：「賞賜給客氏的於情於理都說不過去，希望皇帝收回成命。」

楊漣也上奏：「客氏的工作是奶娘，她做的不過是本職工作，可以適當的進行封賞，但這樣的封賞太過豪華，下官不贊成。」

朱由校則指責大臣們的上疏，他當著眾多大臣的大力稱讚客印月：「從古到今，有誰能夠像奶媽客氏這樣待我盡心盡職，任勞任怨，關心愛護我。她盡職盡責，理應得到這樣的封賞。」說完之後就不再理會朝廷大臣的苦心勸諫。

最讓人驚訝的是，在對客氏封賞的詔書上，有一個無關的人也得到了封賞，那就是李進忠。詔書上定的功勞是：「李進忠在修建皇陵和保護皇帝上護駕有功，提升其擔任司禮監秉筆。蔭封他的兄長魏釗擔任錦衣衛千戶職務。同意其改回原來的姓氏魏，賜名忠賢。」

朝廷大臣聽到這個封賞，當朝就鬧開了。

本來客氏的封賞已經讓朝廷大臣很有看法，現在這個不識字的太監李進忠前段時間還牽涉到盜竊珠寶的案子，轉眼之間，又成了修建皇宮、保護皇帝的功臣，這也太讓人匪夷所思了。

皇陵才開始修建沒多久，和魏忠賢有什麼關係？

有朝臣就此提出了意見，楊漣說：「李進忠盜竊珠寶，假傳聖旨犯了欺君之罪，按照明朝的律例應該斬首，但是皇帝不僅不殺，反而還進行賞賜，希望皇上不要受到一些人的蠱惑。收回成命，治李進忠的罪責。」

劉一燝也提出看法，指出李進忠是正是為李選侍出主意的幕後黑手。不殺掉此人，朝廷大臣有所不服。

左光斗也上奏說：「既然李進忠的名字重名，就將他們帶上來，做一個比對，看到底是不是同一個人。」

工科給事李春燁在之前幫李進忠的事情說過情，以為左光斗的意見是衝著他來的，馬上反駁道：「皇上已經下旨說過，這兩個人不一樣，你們還要對皇上苦苦逼問？」

黃克瓚也趕緊起鬨說：「這是明擺著的讓皇上下不了臺，難道皇上沒有你們聰明，分辨不出？」

朱由校見不慣群臣有完沒完的上奏，厲聲說：「爾等休要吵鬧，把朕的耳朵都吵炸了。再議！」

一些大臣紛紛發表看法，但天啟皇帝沒有理會。

客氏在這一年的冬天，搬到了乾清宮西邊的住所，朱由校親自到現場祝賀搬遷，一起吃飯，暢聊之際，又賞賜客氏在宮中出行可以坐轎子，並安排了專人伺候。另外又額外賞賜給她十幾個內侍留用，再加上為了私利投靠的人，她的手下竟然漸漸匯聚了上百個人。

吃穿不愁，生活舒適，夏天不怕熱，可以享受宮中的窖冰。冬天不怕冷，可以享用宮中的木炭燒火取暖。

生日的用度和錢財，只要客氏一張嘴，一切都不是問題。

客氏在宮中享受的榮華富貴，讓很多人都羨慕不已。

客氏在皇帝的庇護下，有些飄飄然，做事情也開始大膽囂張起來。

所有的太監看到她都要行禮。

每次出行都有人專門警戒，一些看熱鬧的百姓，因為躲閃不及，還會遭到毒打，回宮之後，她還要家中所有服侍她的人都要對她三拜九叩，稱呼她千歲。

除此以外，客氏還經常對外稱自己是宮中的八母之一，把自己和明神宗的皇宮郭氏，朱由校的生母王才人、朱由檢的生母劉淑女、東西兩選侍和趙選侍以及一個神宗的舊貴人並稱。

客氏貪圖享受，完全喪失了作為純樸百姓的底色，代之以囂張跋扈、目中無人、肆意弄權等行為，朝中大臣對客氏的做法看不慣。就上疏天啟皇帝，要求把她趕出皇宮。

有了第一個上疏，後面的大臣見皇帝無動於衷，於是又接連上疏，天啟皇帝為了安撫朝臣，萬不得已就讓客氏搬出皇宮。

可是這個客氏才走了一天，天啟就發現自己受不了，看不見她，心急如焚、六神無主。以至於到晚上享用御膳食之無味，夜不能寐。

在這種情形之下，天啟趕緊派人又把客氏請了回來，有大臣上疏委婉提醒，結果受到訓斥，遭到貶官罰俸處理。

幾位大臣相繼在上疏中表明事情的嚴重性，請皇帝一定要不要留客氏，但礙於面子，不好直說。

那麼到底有什麼事情不好直說呢？

原來這些大臣在上疏中迴避的問題就是男女授受不清。

說客氏和皇帝不只是奶媽和養子那麼簡單，而是另有隱情。

史書上對客氏的評價有著鮮明的負面色彩，說客氏姿色妖媚，為人狠毒殘忍，生性淫蕩。天啟皇帝成年後，客氏因為頗有姿色，加上近水樓臺，所以臣子擔憂是客氏和年少的皇帝有了肌膚之親，讓他有了精神的歡愉，所以才導致朱由校片刻離不開她。

從客氏的性格特點來看，這一點並非不可能。

天啟皇帝登基後的第四個月，他結婚了，妻子是河南生員張國紀的女兒。就是我們後面所說的張皇后。結婚本來是皆大歡喜的事情，但客氏像吃了醋一樣很有意見，對這個張氏皇后發號司令，而且還故意刁難她，還對天啟發了脾氣，說他是有了新人忘舊人，天啟好言相勸，給與賞賜，她才消了氣。

作為一國之君，臣子不敢把話說破，只是想蜻蜓點水提示一下，朱由校不僅沒有採納建議，反而還責備懲罰了大臣，因此更能說明其中的問題。

露出馬腳

　　紙終究包不住火。客印月在和魏忠賢打得火熱的同時，魏朝也發現了其中的端倪。感覺客印月對自己若即若離的樣子。但他不相信這會是真的，便又暗自觀察了一陣，有一天，他才走近上班的地方司禮監，就聽到裡面的人在議論他，說話的人正是高時明和李實。

　　只聽見李實說：「你說老魏也不是個東西，太不厚道了，人家魏朝為他幫了很多忙，還讓自己的『菜戶』幫他說情，他把人家的菜戶都搞上了。」

　　「這也怪他自己太蠢，兩人在他的面前已經眉來眼去了，你儂我儂了，他居然還看不出來！」

　　魏朝聽到這裡，頭腦一陣炸裂，差點跌倒在地，渾身氣得發抖，他走到外面的花園廊亭裡，還沒有平靜下來，不停的用手敲打著柱子發洩不滿。

　　真想不通，自己結拜的兄弟，居然是這般齷齪。

　　他一定要找客氏問清楚到底是怎麼回事。

　　到了晚上，他就直接趕往客印月的住處，去問清楚。

　　客印月在屋裡，見到魏朝來了，頭也沒有抬一下，只是淡

淡的說：「你來了。」

魏朝憋了一口氣問：「宮中傳來妳和魏傻子的風言風語到底是不是真的？」

他的話還沒有說完，客氏的臉就黑了起來，說：「也不怕你笑，我現在就是在和他好，你怎麼樣？」

魏朝只覺得心情極糟，連話都氣的說不好，只是不住的唉聲嘆氣，顫抖著說道：「印月，當初，妳和我可是泰昌皇帝親自同意的，妳現在居然胡來，讓我戴綠帽子？妳考慮過我的感受嗎？」

「泰昌皇帝都死了，現在是天啟皇帝的時代，我讓你戴綠帽子又怎樣？我就不打算跟你過了。你也不看看你自己，長什麼樣子，又矮又瘦。要長相沒長相，要能力沒能力，我跟你這麼多年算是瞎了眼。」

客氏的話像尖刀一樣扎在魏朝的心上，他第一次聽到這麼尖酸刻薄的話，客印月的轉變簡直讓他震驚不已，委屈的眼淚像雨珠一樣落下，客印月看他婆婆媽媽的抽泣樣，說：「哭什麼哭，沒骨氣的東西。」

魏朝已經顧不得這麼多了，他向客印月祈求，希望能夠看到他們一起多年的面子上，離魏傻子遠點，自己還會像當初那樣對她好。

客印月卻鐵了心要和他分開，甩下一句話說：「我願意跟誰

那是我的事情，你管不著！」

說完，直接留下抽泣的魏朝，轉進裡屋就把門反鎖了。任魏朝隨便敲門都不理。

半夜的時候，客印月找到魏忠賢，對他說：「我已經和魏朝鬧翻了，他當眾羞辱我，我要和你住在一起。」她似乎受了天大的委屈，一邊說一邊抹淚。

事情公開，魏忠賢還沒有做好應對的準備，一方面，魏朝幫過他很多忙，另一方面，客氏現在是皇帝的紅人，兩邊都惹不起，如果現在和魏朝決裂，宮裡人會覺得他過河拆橋，恩將仇報，對他看法不好。他只好安慰客氏：「凡事不要操之過急，能和妳一起住也是我的心願。」

「但現在局勢不穩，我才升為秉筆不久，盡量避免和魏朝鬥爭公開化，一旦撕破臉，宮裡人會認為我不仁不義，過段時間，等抓住了他的過錯再看。」

「那現在怎麼辦？我已經和他吵開了。」

「魏朝這個人是個沒頭腦的人，妳回去說句話好話，道道歉就可以解決了。」

客印月聽魏忠賢這麼一說，也覺得有道理，就回到魏朝的住處，說了幾句好話，把問題推到魏忠賢身上，說自己現在這個樣子都是魏忠賢勾引她，以後會不再去找魏忠賢。實際上還是三天兩頭經常往魏忠賢那裡跑！

魏朝聽客印月解釋，就相信是魏傻子的錯誤，在宮中見了魏忠賢就罵個不停、吐口水，魏忠賢本想發飆，但想到時機不成熟，於是就不理他，見了面對他還是裝的客客氣氣的。

　　事情就這樣壓著，直到宮裡人傳出了笑話，魏朝才醒悟過來。這件事又被他撞見了。

　　有一次他收工很晚回來，才從尚書房出來不久，就聽見魏忠賢和客印月在西暖閣打情罵俏的聲音，那種親熱的浪蕩聲在平靜的夜裡顯得特別招搖，撕裂著魏朝受傷的心。

　　「媽的，一對狗男女做的事情太欺負人了。」

　　他實在受不了了，走上前去，一腳踹開，揪住床上的魏忠賢，一拳打過去，將魏忠賢打傻了。

　　魏忠賢吃了一拳，也反手相擊，兩人扭打在一起。

　　既然魏朝敢打，那他沒有猶豫，兩人過去的友情一筆勾銷。

　　魏忠賢雖然比魏朝年紀大，但年輕的時候經常打架鬥毆，身體力氣比較大，對付魏朝這樣的人還是很有手段的，只見他反手一抓，腳往前一撇。就將魏朝摜倒在地。直接幾拳就將魏朝打得滿臉是血。

　　魏朝落了下風，知道自己不是對手，扭開魏忠賢，抓住客印月就跑。客印月看著兩個男人為她爭風吃醋打架，正看得有趣，哪知道魏朝突然抓了自己就跑，一下失去重心，走幾步差點跌倒，她使勁掰開魏朝的手，喝斥道：「放開我！」

但是魏朝不理，抓住她的雙手不放。

魏忠賢反應過來也趕緊追上。

幾人互相對罵，不知不覺就追打到乾清宮外的一片空地上。

爭吵的聲音很大，才躺在床上睡下的朱由校，馬上穿好衣服，站在臺階上大聲喊：「什麼人，這麼大膽，半夜時分敢在宮中高聲喧譁？」

皇帝一喊，周圍的太監全部被驚醒，不一會兒，司禮監的太監都來觀望。魏朝和魏忠賢這個時候才意識到他們已經觸怒了皇上，馬上跪下請求治罪。

東廠的太監鄒義趕緊向朱由校稟報：「回皇上，是魏朝和魏忠賢在這裡追打，這件事圍繞客氏而起。」

朱由校剛才也聽明白了是怎麼回事，馬上換了一個溫和的態度問他們：「你們說說到底發生了什麼事情？」

魏朝就將故事的發生細緻的說了一遍，強調了他和客氏之前的關係。魏忠賢則說自己和客印月情投意合，恩愛非常，請皇上明鑑。

接著朱由校又問客氏到底喜歡哪個。客氏也簡單爽快表示：「我喜歡魏忠賢，我覺得魏忠賢對我比魏朝對我好多了。」

朱由校當場就點了頭，既然客氏選擇魏忠賢，那麼今後就由魏忠賢專司客氏之事，皇上將他許給了魏忠賢，魏朝出局。沒想到這麼多年的感情都不受用，魏朝心裡十分難過，他似乎不

願意放棄，哀求客印月，希望看在多年的情分上，不要離開他。

客印月卻把臉轉向一邊，看都不看他一眼。沒等魏朝說完，就打斷他：「皇上話已經說得很明白了，把我斷給了魏忠賢，你再說也沒有任何用，這麼多年了，你每天都只曉得忙工作，從來不顧及我的感受，從今天起，我們的緣分就盡了。請你以後不要再糾纏我。」

魏朝鬱悶得哭出聲來，王安站在不遠處，雖然明知道魏朝吃虧，皇帝發話了也不好意思說什麼，但他實在看不下去魏朝一直哭，於是走上前去，扇了他一個耳光：「沒出息，皇上不治你們的罪已經是極大寬恕了，還鬧什麼？」

兩個太監為爭搶一個女人，爭得頭破血流，皇上做主，斷男人給奶娘，成為了皇宮裡閒暇的談資。

在這齣戲當中，魏忠賢不慌不忙，臉不紅心不跳，表現了良好的心理強度和超高的講話技巧，後來的結果是客氏就死心踏地跟了他，從這件事當中，我們可以推斷出魏忠賢的幾個特質。一是他做事情敢作敢為，有責任擔當，即是是告到皇帝那裡，關係自己臉面的時刻，說到關鍵處也不含糊，說喜歡就喜歡，並沒有任何掩飾。二是他的確手段技巧運用恰當，連客氏都為他說好話，這是很厲害的，因為客氏的地位是皇帝的奶媽，把妹泡一般的宮女還可以理解，但對於一個聰慧且是天子奶媽的角色，不是哪個人想泡就可以泡的！

和魏朝大打出手以後，魏忠賢為了留一個好印象給王安，

在第二天就提著一包水果和精心挑選的人參,到王安的住處拜見。他一見到王安,便跪倒在地上,磕了幾個頭:「王公公,昨天發生的事情都是我的錯,都怪我不懂事,性格火爆,魏朝昨天動手打我,我應該讓他打,不還手,為了一個女人,和賢弟鬧翻了,還請恩師原諒我,也麻煩恩公在魏朝賢弟面前替我求情,不要嫉恨於我。」

王安在文案面前正在審閱檔案,見魏忠賢恭謙地跪在地上,說話十分恭謹有禮,心裡的怒氣消了一大半,他走上前,輕輕扶他起來:「你們年輕人為女人吃醋打架,我能理解,這件事過去就過去了,不要深究。也怪魏朝自己。」

魏忠賢趕緊將隨身攜帶的人參和水果放在桌子上:「恩公,這是我出宮專門到外面為你選購的,人參是皇上賞給客氏奶媽的,她捨不得吃掉,特意讓我送給您熬湯補身體,您一定要保重身體呀!」

「每次來看我都帶這麼多東西,實在是不敢當!」

「恩公,你就別跟我客套了,我和魏朝在宮中都是你帶著的,也算是你的兒子一樣,買點東西孝敬你是應該的,我才到司禮監,時間不長,做得很多事情也不知道規矩,如果有什麼做得不好的地方,還請恩公提點我,該說就說。該打就打,不要手軟。你要是有用得著的地方,不要客氣,告訴我,我一定幫你辦好。」

魏忠賢的一番話,讓王安聽了十分感動,認為魏忠賢其實並

不是一個不懂感恩的人，隨即對魏忠賢有了好感說：「魏朝我讓他到兵杖局去了，他的職位空缺就由你來擔任吧！」

這是一個很好的職位，可以直接接觸皇帝，魏忠賢心裡狂喜，馬上跪在地上，再次表示謝意。

魏忠賢從王安那裡出來，心情很愉快。

人逢喜事精神爽，他想，王安是宮中深得皇帝器重的紅人。王安現在對他感覺不錯，現在自己也要找幾個可用的人，在自己面前鞍前馬後，只有這樣才能夠做很多事情。

在回司禮監的路上，他遇到了王體乾。

王體乾看見他，恭恭敬敬的作揖道：「魏公公好。」

魏忠賢也連忙還禮：「王公公好，煩請替我帶一句話給司禮監的兄弟們。晚上，我請大伙兒吃飯。」

「魏公公真的是太客氣了，我正想著找你一起吃個飯呢。」

王體乾早就看出了魏忠賢是一顆值得攀附的大樹，以後跟他混，肯定能夠飛黃騰達。

「今晚一起吃飯吧。以後司禮監做事，還王王公公多多關照。」

「不敢不敢，以後魏公公有用得著的地方，儘管說，我一定為公公上刀山下火海。」

這句話讓魏忠賢很喜歡，他還真的有事情找他。

王安把魏朝的差事給他做，魏朝通文墨，做事情好辦，但

是他大字不識，秉筆擋起來很難，但有個識字的太監幫忙，那就簡單了。

兵馬未動糧草先行，人脈關係很重要。這是魏忠賢做事的基本做法。

他請司禮監的太監們吃飯也是如此，一是為了拉好關係，收買人心。二是為了替自己正名，不是他欺負魏朝。

兩人一起走進司禮監。

司禮監的人看見魏忠賢進來了，有些不知所措，主要是他和魏朝的鬥爭，讓大家都對他有點擔憂和害怕，魏忠賢進來之後，根本不管監裡人什麼態度，直接說：「兄弟們，晚上我請大家吃飯，大家一定要來！」

監裡的人一聽，高興不已，司禮監的工作本來就辛苦，但卻吃得不好，有人請吃飯，那真是求之不得的事情。紛紛表示自己要去。

魏忠賢除了請司禮監的人吃飯外，還去請了東廠的鄒義和司禮監的掌印盧受，但兩人一直對他沒有好看法，就找公務繁忙的理由，推託不去，魏忠賢覺得不去也沒有關係，也許是人家真忙。

他又請了惜薪司以前的同事劉朝等人來吃飯。

客印月則忙著吩咐手下的人張羅晚飯。

魏忠賢很快就約好了人，大家都跟在他的身後，來到了咸安宮。

一進門，身後的一群人就向客印月請安：「奉聖夫人吉祥萬安！」

客印月心情不錯，她讓後廚做了一大桌子豐盛的晚餐。

大家圍著魏忠賢和客印月坐了一圈。魏忠賢讓人把酒罈子打開，每個人都斟滿酒。

太監張延收說：「魏大哥，內廷有規矩，太監不讓我們喝酒。」

幾人也隨之附和不能喝，吃點菜就可以了。

王體乾趕緊插話說：「這有什麼，喝酒吃菜才安逸，我生是大哥的人，死是大哥的鬼，我先喝。」說完，端起一碗酒一飲而盡。魏忠賢看到王體乾喝酒，很開心，就說：「大家喝起來。」

大家在王體乾的帶動下，開懷暢飲。

正當魏忠賢他們在皇宮裡大朵快頤的時候，魏朝卻在屋子裡痛苦得撕心裂肺，他在屋子裡不吃不睡了一兩天，越想越生氣。就跑到恩師王安哪裡哭訴，請他替自己做主。

王安說：「事情已經這個地步了，皇帝在那裡，你還好意思哭。我打你也是逼不得已，魏忠賢沒有搶你的女人，而是客印月這個人本身就不安分，她對誰都不會真心，你犯不著對這種女人這麼痴情。」

王安隨身又從書架上抽了一本司馬遷的《史記》給他看，叫他好好去研究一下司馬遷：「你看人家遭受了怎樣的痛苦，司馬遷遭受了巨大的痛苦都沒有死，而是以難以想像的毅力完成了

一本鉅著。你要仔細看，讀懂了，你也就能放下了，這本書能夠給你很多啟發。」

但是魏朝根本看不下去。他翻了幾頁書，一點都沒有意思，再次央求王安在皇帝哪裡去求情，把客印月還給他。

王安見自己說的話魏朝不聽，就很生氣，扔下一句：「皇帝都開口了，我怎麼好說，你還是死了這條心吧，過一段時間，我再向皇帝求情，你不要再提了。」

魏朝越想越難過，自己的師父也不管自己了，於是又嚎啕大哭起來，氣得王安拍桌子大罵：「給我滾。」

他只好拖著身子跟跟蹌蹌的拐了出去，沒有注意到一個角落裡藏著一個人，這人正是魏忠賢，他思量著有幾天沒來看王安了，就打算再來請安。沒想到聽到了他們之間的對話，他算是懂了王安和魏朝的關係有多深了。

魏忠賢氣鼓鼓的回到了客印月那裡，躺在床上便一聲不吭。

客印月見他不說話，問：「看你一臉喪氣相，怎麼了？」

魏忠賢說：「我聽見王安和魏朝的談話了，說妳是一個不安分的婦人。還說妳妖媚淫蕩。」

「王安說的？」

「嗯，今天親耳聽到的。」

「這個老不死的狗東西，他對我一直有看法，早晚有一天，要知道我的厲害。」

魏忠賢說：「那個沒什麼，只不過是一個評價而已，我現在最擔心的問題是：魏朝如果回到司禮監，到時候都不好弄了。」

客印月說：「真的有這回事？」

「魏朝如果回到司禮監，把我的那些事情全部吐出來，我就玩完了。」

「那麼怎麼辦？」

「要不然乾脆封口？」客印月用手勢比劃了一下動作。他沒有拒絕。

兩人便開始商量怎麼做。

魏朝全然沒有意識到危險的來臨，仍然沒從失去客印月的事情中走出來。整個人很頹廢，他想自己不能這麼善罷甘休，就每天守在乾清宮門口，一看到客印月就走上前去理論。

有一次客印月出宮，才從乾清宮出來，魏朝就鑽出來，攔截她的轎子，幾個太監都攔不住。

客印月心一狠，命令隨行的人下狠手打。手下的人得到命令，馬上拳打腳踢，直接打得魏朝哭爹喊娘。客氏揚長而去。

回來之後，客印月就把白天魏朝攔截轎子的事情說出來。

「現在魏朝太噁心了，我實在是受不了。你乾脆幫我個忙，把他辦了。」

魏忠賢嘴上答應，心裡在思索做法。終於他找到一個機會。

一天，魏朝在去兵杖局的半路上，遇到了魏忠賢，魏朝破

口大罵魏忠賢：「忘恩負義！搶我的菜戶，當初我跟太子做事的時候，還經常照顧小皇子。你有什麼功勞，居然護駕有功，我看是皇帝瞎了眼！你總有一天要遭報應，不得好死。」

魏忠賢聽到這話，臉拉下來，心裡下定了殺他的決心。

中午的時候，魏忠賢找到客印月，讓她在皇上面前說魏朝的不是，責罵皇帝瞎了眼。

客印月在晚上伺候朱由校睡覺時說：「魏朝對皇帝你有看法，說你是瞎了眼，他才是護駕有功的人。」

朱由校一聽，生氣了，他才是瘋了。

「免去他的兵杖局掌印，讓他去御馬監反省，什麼時候意識到自己的錯了，再回來！」

得到皇帝這句話，魏忠賢馬上第二天就帶上王體乾等人到兵杖局傳旨：「皇上口諭，魏朝不思進取，胡言亂語，令其到鳳陽皇陵守墓。」

魏朝覺得不對勁，本想找王安問問虛實，可是根本沒有機會。諸棟直接接替他的職位，扯下他的腰牌，一直監視著他收拾東西離開宮門。

就這樣，魏朝被自己當初拚死救的大哥趕出了工作了幾十年的皇宮。

魏朝背著鋪蓋卷，站在皇宮外面，想著自己的遭遇，豆大的淚滴滑落下來。

走出紫禁城，他就踏上了去鳳陽守陵的路途，那時候正是冬季，北方寒冷，他走在路上形單影隻，想著想著就心裡一酸。命運太捉弄人了。

魏朝是河北人，家裡有兄弟四人，他是二哥，因為家徒四壁，為了過上好日子，他向父親提出自己到宮裡當太監，以減輕家裡的負擔。

父親同意了，六歲的時候就帶他到京城做了手術，七歲就進了宮，一直跟在王安的身邊侍候，王安當時擔任的是太子朱常洛的總管太監，因為自己勤快機靈，在取得王安的欣賞之後，王安在當上了太子伴讀後也教他看書識字。

他很有天分，對於那些知識一點都透，一學都會，王安是一個喜歡看書的人，他也跟著他當成了愛讀書的習慣，累積了一肚子的學問。太子朱常洛即位當皇帝，本以為他們的好日子就到來了，哪知道這朱常洛短命，才一個月的時間就死掉了……沒想到魏忠賢這個白眼狼，自己當初救他的時候費了好多力氣，現在不僅把他的女人搶走了，還弄掉他的差事。

都怪自己不長眼睛，如果當初不救他，也不會淪落到如此地步。還有那個客印月，對我下手這麼絕情，幾年的感情居然說散就散。

外面的雪越下越大，他一個人在外面走著，路上行人稀少。雖然天寒地凍，但他卻滿頭大汗，走了一陣，又累又餓，便在路邊的小坡上坐著休息。

他拿出隨身帶的乾糧饅頭，刨了一層地上乾淨的雪花放在嘴裡。吃飽了就站起身來接著行路。

天快黑的時候，他終於到達一個客棧，打算在那裡休整。

店小二招待他，問他到哪裡去。

「我到南邊去走個親戚。」

店小二有些狐疑，大雪紛飛，道路難行，走親戚也不挑個好時間。

但還是對他說：「裡面有住的，住哪一間都可以。」

安排好住宿之後，魏朝到樓下點了一碗牛肉湯，要了兩個燒餅吃了起來。

正在吃飯的時候，店外面又進來兩個人，店小二才正煩惱生意不好，這馬上又連到來了兩個人，就很高興的招呼：

「二位客官，住店還是吃飯？」

「眼睛有問題啊，這麼大雪，工作吃飯，不住宿怎麼行？」

店小二看客官語氣不對，就沒有多問。

魏朝正在喝湯，聽到工作這兩個字，嚇得他驚了一下，他微微抬頭，打量進來的兩個人，那兩人也正在看他，這一看不要緊，覺得這兩人的面孔十分熟悉，但一時半會想不起了，一種不祥的預感在他的腦海裡閃現，這個時候，魏朝才記起，魏忠賢傳旨讓他到鳳陽守陵，為什麼沒有給他接受的信函，突然意識到，說不定魏忠賢派人要拿他的命來了。

魏朝吃過飯回到房間坐在床上思索，終於明白了，魏忠賢派人來殺他，現在還是趕緊跑吧，剛進來的兩人都住在他的隔壁，自己的一舉一動全在監視當中，魏朝將被子翻開，把枕頭放在裡面，然後找了一根繩子，一頭拴在窗戶上，一頭扔到樓下，自己藏在床底。

半夜的時候，就聽見門被刀子撬開的細微聲音。接著吱一聲，門就被輕輕打開，兩人鬼鬼祟祟的走進，靠近床邊抽出刀就是一陣亂砍，砍了一陣沒有聲響，掀開舖蓋一看，才發現裡面是一個枕頭，窗戶上繫著一根繩子。其中一個人吐了一口唾沫，厲聲說：「完了，這小子跑了，我們趕緊追。」

兩人馬不停蹄跑下樓追了出去。

魏朝嚇得一身冷汗，趕緊從床下鑽出來，從客棧的後門溜出去跑了。

快中午的時候，他走到了滄州，因為一路上害怕有人追殺，所以他走得膽顫心驚。總感覺有人在跟著他。

在三岔路口的時候，他好像瞥見了一個身影，但轉過頭一看，那人影又消失了。

他馬上快跑，然後在拐彎處飛快的鑽進了一個石縫裡。大氣都不敢出。果然有兩個人的身影跑過來。

他們在周圍看了看，沒找到人。

「奇了怪了，剛才還看到人影了，眨眼都不見了，鑽地下了？」

另一個人說：「魏公公喊我們除掉他，如果無法完成，不會有好下場。」

魏朝從縫裡看了看，發現不是昨天那兩個人，這個時候，他才明白，魏忠賢做事真的是不擇手段，要把他殺死。他在外面已經過得很慘，現在還要逃命。

他在石縫裡躲了一陣，直到那兩人走了很久之後，才顫著身子，從裡面鑽出來，現在他不敢再往前面的方向走了，肯定還有人埋伏在那裡。於是轉身朝相反的方向走去。

魏朝走在小道上，看著風吹著雪花飄灑，大雪覆蓋的土地，一片白茫茫，路上除了他沒有一個人，他小心翼翼的走著，害怕突然有人跳出來要殺他。

走了一夜，他看見了深山的一座廟宇。

因為不能住宿，加上沒有吃的，走到廟宇門口的時候，他幾乎暈倒。廟宇的方丈老和尚看他可憐，就讓小和尚把他扶到後院，給了他一碗熱湯，喝下去，身子暖和起來，他才有了力氣。

老和尚問他從哪裡來？他不好意思說自己是宮裡的，就騙他說：自己是周圍縣城的，因為家裡失火，房子燒成灰燼，老婆孩子都死了，現在孤家寡人，所以想來當和尚。

老和尚看他一臉憔悴，身體虛弱，就相信了他的言辭，把他留在廟裡。

能在廟裡做事，魏朝感到很滿足了。

他在廟裡話不多，然而做了才幾天，還沒有來得及剃度出家，就有麻煩找上門了。

來到寺院的第五天，中午時分，寺院正在準備午飯，突然闖進來幾個當地縣衙的衙役，氣勢洶洶的要求放人出來。

方丈趕緊走出來：「阿彌陀佛，這裡是佛家清淨修行之地，幾位官差到這裡找人是不是搞錯了？」

「死和尚，我看你是不知道好歹，竟敢私自藏匿皇宮的要犯，現在馬上把人交出來，否則我對你們寺院不客氣，信不信我一把火把寺院掃掉。」

幾個衙役點燃火把，作勢要燒狀，一群和尚見情況不對，趕緊出來打圓場。阻止官差防火。

方丈說：「你們要什麼人要搜便搜，不要毀了寺院。」

帶頭的衙役一聲令下，幾個衙役便在寺院裡到處找人，他們將和尚逐一仔細檢視，很快就找到了魏朝，領頭的人說：「沒錯，就是他，帶走。」

方丈一臉的疑惑，看著魏朝被帶上枷鎖，推著前行。魏朝扭著身子看著方丈大聲說：「謝謝恩公這幾天收留我！」才說完就被幾個官差押著帶下了山。

晚上，魏朝就被關進當地的縣衙牢獄，沒有經過任何審理就以欺君之罪，判處死刑。

被抓住的那一刻，魏朝的心裡沒有當初的驚恐，有的只是平

靜和無奈。

捕頭李旺才走進來,讓人端了一碗酒水給他喝:「魏朝,你死了可不要怪我們,我們也是奉了宮中魏公公的旨意,拿你性命。無論你逃到哪裡我們都要抓住你,將你弄死,冤有頭債有主,你死之後如果要報仇,千萬不要找我們。」

魏朝接過對方遞來的酒水一飲而盡,將碗放下感嘆道:「我這輩子就是瞎了眼睛,怪我自己,豬狗都可信,這世界上只有魏忠賢不可以交朋友。」

捕頭聽他說完這句話,就將繩索套進他的脖子。

兩邊各站一個衙役,相互交叉用力,窒息讓魏朝胡亂掙扎,臉色慘白,不一會便一動不動,沒有了氣息。

王安一直被矇在鼓裡,過了一段時間他沒有魏朝的消息,就很奇怪,擔心徒弟的安危,於是就在伺候朱由校讀奏疏的時候故意說了一句:「這個魏朝,您排派他到鳳陽去看守皇陵,怎麼這麼久了一個音信都沒有?」

朱由校此時正在專心研究手中的木質小人,隨口一答說:「我讓他在御馬監好生反省,沒有讓他去守皇陵!」

皇上這麼一說,王安敏銳的感到一陣不好的預感,心裡已經猜到,多半就是魏忠賢矯詔。

皇上見王安臉色有些奇怪,就問他:「你剛才說魏朝去了鳳陽?有這回事?」

王安不敢講實情。

找了個年紀大，耳朵聽錯了藉口，搪塞過去。

王安迫切想知道魏朝的情況和消息，便暗中送了一份信件給鳳陽管皇陵的太監劉孝友，詢問魏朝的事情。

此時是冬天最冷的時候，王安擔心憂慮魏朝，加上身體虛弱，居然病倒了。

魏忠賢正求之不得，就代替王安陪在皇帝朱由校身邊協助處理事情。

很快，王安寄送的信件就有了回執，那邊回覆說：「鳳陽根本就沒有叫魏朝的太監。」而同時，司禮監又新增了很多陌生的面孔，這讓王安有了更深的擔憂。

趁著皇上娛樂的夜晚，王安單獨把可信的李實叫來詢問情況：「你知道魏朝去哪裡了嗎？」

李實說：「我聽說魏公公傳皇帝的口諭，讓魏朝去了鳳陽守皇陵。他們去傳聖旨那一天，我還親眼看到的，不過，王公公，我跟你說的這些話，你萬千不要說出去，否則沒有我好果子吃。我沒騙你，現在我得趕緊走了。」

說完，李實拍了怕屁股，悄悄地出門，消失在門外。

根據鳳陽那邊的消息，王安推測，魏朝應該是被魏忠賢弄死了。想到這個，他就不寒而慄，這個偽善的人簡直太恐怖了。

第二天，他很早就來到了乾清宮，陪同皇上辦事。朱由校見

王安心神不定，就問他有無事情上奏。

王安看了看他身邊的太監，朱由校馬上心領神會，讓身邊的太監宮女都退了下去。

見皇帝身邊所有的人都下去，王安才狀著膽子說：「魏朝大概被魏忠賢弄死了。」

「王公公何來消息？」

「陛下，當時你傳口諭是到內廷的御馬監思過，但是魏忠賢卻沒有這麼說，而是矯詔，讓他到鳳陽去守皇陵，我私自向鳳陽的管事太監去了一封信，詢問魏朝的情況，那邊回信說，魏朝根本就沒有去那裡，老奴擔心肯定是魏忠賢為了客印月的事情，又擔心魏朝把所有的事情都說出來，所以選擇了殺人滅口。」

朱由校在屋裡轉了一圈，問道：「你負責擬詔都不知道？」

「因此，我敢說，魏忠賢是假傳聖旨，如果這樣的人在皇帝身邊，我一定要管。」

此時，朝堂之上，因為皇上對奉聖夫人和魏忠賢的賞賜，已經引起了很多大臣的不滿，東林黨人相繼上疏要求嚴懲乾清宮的盜寶案主謀人員魏忠賢，收回賞賜給奉聖夫人的二十畝良田。

這些奏疏送到王體乾那裡，王體乾馬上向魏忠賢做了情況彙報。

魏忠賢指示他，先不忙著上報，將這些奏章都先壓一壓，

放在最下面。等到皇上問起的時候再拿出來給他看。

雖然奏摺沒有送達到朱由校的手中，但是朝野之中，官員的議論已經鬧得沸沸揚揚。有大臣提出奉聖夫人的享受確實太高，應該降低規格。

朱由校置之不理，以一句此事以後再說打發。

劉一燝在朝堂上說：「奉聖夫人的恩寵臣以為沒有什麼問題，但現在她卻不適合居住在宮裡，皇上不久之後就要海選大婚。還請皇上將客氏遷移出宮。」

朱由校又以先帝遺體沒有安葬，需要客氏協助幫忙，駁回了大臣的請求。

接著，孫如游又說：「魏忠賢是李選侍的幫凶，犯的錯除了假傳聖旨外，還盜竊乾清宮的珍寶，直到現在還有一些寶貝沒有找回來。其人在司禮監做事情狂妄自大，請皇上治他的罪。」

朱由校聽著大臣的上奏，覺得魏忠賢確實有些過分，需要處理一下，但是這些大臣，當初也有幫魏忠賢說好話的，特別是王安，當初可是在他面前信誓旦旦的表示，這個李進忠和那個李進忠不是同一個人，想到王安也算是勞苦功高，就說：「這件事，就交給王公公辦理，查處魏忠賢。」

有了皇帝的金口玉言，要處理魏忠賢是輕而易舉的事情，但是王安生性善良，不會使黑手段，只是找來魏忠賢到司禮監仔細詢問了一番，問魏朝是不是被他矯詔弄死了？

魏忠賢一聽嚇得魂不守舍，這件事如果按實話說，前帳後帳一起算，肯定沒有活路，所以不能據實說，他眼珠子一轉，撲通一聲跪在地上，又唱起了悲情戲。

「恩公在上，我是天大的冤枉啊，那天我和王體乾是去傳了皇上的口諭，讓魏朝兄弟去御馬監反省，但是他覺得自己目前這個樣子，沒有任何臉面再待在皇宮裡，說皇上既然這麼說他，他再也不想待在宮裡了，請求自己去鳳陽守陵，也好圖個清靜，我勸他鳳陽守陵我們不能安排，他就央求我，看在過去都是兄弟的情分上，喊我向皇上求情，結果還沒有等我向皇上問話，他就收拾東西走了。當時我也想向您稟報的，但一想這也算是圓了人家的一樁心願，就沒有難為他。後來事情太多，我就忘記了。不信的話，您還可以問王體乾。我講的沒有半點假話。」

王體乾被牽涉到這裡面，蹚這個渾水。開始還是害怕，萬一穿幫了就死定了，但魏忠賢硬要拉他下水，沒有辦法，王體乾只好說：「王公公，奴才用自己的小命擔保，魏忠賢的確說的是真話。」

魏忠賢見王安有些猶豫，補充道：「好歹我和魏朝兄弟相識一場，我一路走來多虧他的幫助，感謝他還來不及，沒有他就沒有我現在，我們之間因為客氏的原因產生過一點矛盾，但是其他方面也沒有什麼糾葛，我不至於弄死他啊。」說著一邊抹眼淚一邊嘆氣。

王安看著魏忠賢傷心的樣子，覺得他說的也很有道理。他

不至於把魏朝害死啊！

魏忠賢哭泣了一會說：「會不會是魏朝在半路改變了去鳳陽守陵的主意，回自己的老家休養去了？」

王安的心裡還真沒想過這個可能，說不定，魏朝就是因為客印月的事情，加上皇上的態度，所以才選擇離開……

魏忠賢跪在地上，用餘光瞄了一眼王安，見他沉默不語，知道自己的悲情戲產生了效果，就繼續抽泣。

他哭的聲音很悽慘，王安看他的面容不像是殺人的模樣，又想到他現在都一把年紀，心一軟，就安慰他：「起來吧，這件事就過去了。」

「你要記住，現在宮內外都在向皇帝打報告，說你在宮內胡亂做事，甚至還矯詔，說你貪得無厭，用手中的權力排斥異己，你現在在司禮監做事情一定要低調，認真負責，你自己好好反省。」

「恩公，我知道自己錯了，以後一定好好改正。」魏忠賢的頭在地上一直低著，王安起身，拍了拍衣袖，走了。

魏忠賢猜想王安走了，才抬起頭，換了一副面孔說：「嚇死我了，幸好沒有穿幫。」

王體乾在一邊說：「魏大哥好厲害。我太佩服你的演技了。」

魏忠賢說：「要找我的碴，還是不容易的。不過也是王安心軟好敷衍，換了另一個人還摸不準會吃什麼樣的苦頭。」

王安的心軟，導致了魏忠賢再一次逃脫，他斷然不會想到，自己的當初的行為，會為他帶來吃不盡的苦頭和災禍。

對於王安的高抬貴手，魏忠賢不僅沒有感恩戴德，反而認為王安是一個專門找他麻煩的人，一定要除之而後快。

在皇宮內廷，王安算是很有影響力的一個，他是明神宗期間的太監，為人剛正不阿，在內外朝眾臣中頗有威望，受到皇帝重用。

魏忠賢認為只要除掉王安，以後的日子就可以順風順水。但王安不是傻子，能夠在多如牛毛的太監中混到現在這個位置，也不是吃素的。現在說一個人的成功其實是各種因素的綜合，所謂的性格決定命運，細節決定命運，處事決定命運這些結論都不完全正確，一個人的命運的發展是受各種因素的影響和制約。王安這個人和一般的太監不一樣，一般的太監聲名狼藉，文武欠缺，而他可以說是聲譽俱佳，才華橫溢。在整個朝野都很吃得開，人際關係不錯，有著很好的口碑。

任何時代都是這樣，一個人的成功背後肯定有一群人的努力，當然先天的條件必不可少，除此之外，就要靠關鍵的人脈了，人脈在泱泱中華幾千年的歷史中扮演者無可爭議的角色。王安除了在朝野之間有人脈，在朝廷之外和東林黨人關係也處理得很好。

露出馬腳

陷害王安

魏忠賢要拔出在朝廷中關係盤根錯節和東林黨人交情不錯的王安,無異於以卵擊石,痴人說夢。

五月六日,擔任司禮監張印額盧受因為瀆職犯罪被革職,位置空缺出來,急需有人擔任,天啟皇帝讓王安接替盧受的司禮監掌印太監職務,協助處理政務,這個決定可以說很正確,王安本人做事情認真,對名利之類的事情看得很淡,但在這個緊要時刻,王安的身體卻出現了問題,行動不便,說話都很費力。天啟皇帝考慮到王安身體的特殊情況,准許他可以在家裡辦公,不用在御前侍候。處理的檔案會安排專人替他送來,就頒旨讓他接手司禮監的掌印職務,這個旨意下來的時候,他還在家臥床休息,出門行走不便。

在明朝,有一個約定俗成的風氣,宮中對於委任職務的旨意,即將擔任職務的大臣都要行一個孔孟之道的假意推辭之禮,對於皇帝提升的官職,官員都要謙虛的表示一番,自己不能勝仍然後才接納。

等到朱由校下達的任命詔書之後,王安也按照孔孟之道上了一道奏疏推辭。陳述自己年老體衰,不能侍候在皇帝左右,對

於皇帝的厚愛，不敢接任，希望他另外選拔賢能任用。

他原本想等到皇帝再次下詔書的時候接受任命，假意推辭一番就是為了讓其他大臣覺得自己不貪圖權位，但王安的推辭卻沒有等到他預想中的結果，一道推辭的奏疏呈遞上去之後，事情改變了風向。

當時擔任司禮監的另一個人王體乾，認為自己有戲，他早就盯上了這個實權位置，心裡就打起了小算盤，但朱由校卻沒有多想，直接把這個位置給了王安，他就從天堂落到了地獄，心裡懊悔啊，這麼好的職位不是自己的，正當他絕望的時候，想不到王安居然又把煮熟的肥肉吐了出來，託病讓天啟另外找人，這讓王體乾再一次看到了希望。

現在王安既然有病，身體不好。勝任不了，他王體乾身體棒，沒有問題，他願意去，為了確保勝算，他準備了幾件精美的首飾和銀兩親自送給了魏忠賢和客氏，並談了自己的想法，當時客氏和魏忠賢正在內房休息，聽說有人找她們就讓身邊的丫鬟去接待，傳話回來說是王體乾，有事求見。

幾人起身，只見王體乾一進來，就馬上將手上的一盒子東西送給客氏，希望她笑納，客氏打開一看，原來是一對鐲子，沒有什麼稀奇的，便叫他坐下。鐲子放在一邊，王體乾發現客氏對鐲子不感興趣，心裡就有些喪氣，但想自己來都來了，還是要探一探虛實。於是就問客氏：「盧受因為瀆職被罷免，現在司禮監掌印的位置空缺出來了，魏公公為什麼不爭取？王安都已

經推辭了。」

客氏說他不通文墨，接下這個職位沒有用。

魏忠賢也附和說：「那職位的確對我來說不合適。」

實際上，不是客氏和魏忠賢不想要那個職位，而是在他們眼裡，這個掌印的職位權力太小，對他們來說吸引力完全不夠，魏忠賢不通文墨只是一個原因，最重要的原因是他們看中的是東廠提督這個官職，權力比掌印大得多。只要掌握了提督，那就可以隨心所欲的幹很多事情。

所以對他們來說，掌印的職位誘惑不大，自己壓根就看不上，所以沒有多大的興趣。

王體乾此番帶上銀子和首飾來找她們，客氏就已經猜出了他的目的，但她還是故意裝糊塗問王體乾：「此番前來，到底所為何事？」

經過試探的詢問之後，王體乾就放心了。魏忠賢並不在乎掌印的職位，於是他就直接提出自己的想法：「魏大哥，客夫人，你看讓我來擔任這個職務可好？我心儀這個職位好久了，想得到兩位的支持，不過，我也不白當，你向皇上推薦我當，我在這個位置上，就相當於魏大哥在這個位置上，以後辦事一定唯你們兩位馬首是瞻，有什麼需要我做的，我一定盡心盡力的幹。絕無二話。」

客氏和魏忠賢對視了一下，問王體乾：

「此話當真？」

「肯定當真。」

「那這個主意不錯」魏忠賢說。

客氏不慌不忙，攤了攤手：「要向皇帝推薦也可以，任何大臣的奏章和上疏都要聽我們的意見處理，這個沒問題吧！」

王體乾立即拍胸脯保證：「以後收到的奏章和上疏都聽你們處理，如有不從，不得好死。」

發了毒誓之後，魏忠賢和客氏便落下心來。答應幫他推薦。三人便一起推心置腹的又商量了一陣，講明規則，然後達成一致意見。把王安弄到一邊以後，王體乾就上任。

他們現在最先解決的就是皇帝的任命，畢竟王安做的只是推禮，朱由校肯定會再次頒旨把這個職位給他。

魏大哥說的是，王安在，皇上肯定不會按照我們的思路辦，不過，我有一個辦法……王體乾話說到一半，然後眉頭微皺，看看魏忠賢又看看客印月：「不如，我們就對王安下狠手，將他弄死。」

魏忠賢眼睛睜的很大，他顯然是被王體乾的話嚇到了，有些驚恐的說：「千萬不要，王安還是對我有恩，救過我幾次，實在下不了手，我的內心裡對王安還是很尊敬的，現在連恩情都沒有報答，如果將王安弄死，那我真的不是人了。」

王體乾見魏忠賢猶豫又繼續補充說：「宮廷之中爾虞我詐，

殘酷無情，俗話說無毒不丈夫，你看古代的皇帝，在爭權奪位上，心慈手軟的結局往往悽慘，現在你不下早手，等著別人對你下手了，你就徹底完了，你要知道，還有幾件事情你還有把柄在他手裡，特別是你之前迫害魏朝的事情，王安有所耳聞。萬一他身體恢復好了後，去調查取證，你躲不掉罪責。」

王體乾的話讓魏忠賢嚇出一身冷汗，這王安做事認真是出了名的，真要查起來，自己大概也罪責難逃。

客氏也添油加醋說：「王安在內廷中關係眾多，他只要在宮中，以後你我就不可能安心。」

正當他思考的時候，門人報告，太監陸藎臣求見。

陸藎臣和魏忠賢同是老鄉，魏早在惜薪司的時候就和他認識了，兩人關係不錯。現在他提著東西帶著一個年輕的小夥子一進來，就送給了客氏一些珠寶和衣裳。並讓年輕人磕頭請安。

年輕人跪拜在地大聲拜道：「奉聖夫人千歲，魏公公千歲。」

這話聽著就是舒服，客氏和魏忠賢笑的合不攏嘴，馬上扶起就坐。

坐定之後，陸藎臣打開話匣子：「身邊的這個年輕人是我的外甥霍維華，任職金壇的知縣，徵授兵笠給事中。這些職務都是一些閒職，沒有多少實權，希望魏公公和客氏能夠在皇上面前舉薦。」

魏忠賢滿口答應，現在有年輕人來投靠他，他多了一個幫忙

的人自然很高興。

王體乾眼珠一轉，計上心來說，霍大人來的正巧，魏大哥正有一個事情需要你幫忙。

魏忠賢狐疑地看著王體乾，自己現在吃穿不愁，有什麼事情需要人幫忙？就盯著王體乾看。

霍維華馬上爭表現拍胸脯說：「魏公公有什麼事情需要我做，我一定竭盡全力，誓死效勞。」

「你只需要彈劾王安。」王體乾插話說：「王安和東林黨人現在狼狽為奸，把持朝政，現在皇帝又寵幸王安，我們看不下去，正缺一個可以上疏說話的人。」

明朝一直都有內廷宦官不能干政的律例，即使作為司禮監的秉筆太監，也只能把奏摺拿給皇帝看，而不能向皇上上疏。只有不是宦官的大臣才可以上疏。

陸藎臣本來想找魏忠賢和客氏拉自己的外甥一把，不想讓他參與到宮中的糾紛。但自己的外甥一口答應，表示自己一定上奏摺，彈劾王安。

他這個當外公的心裡叫苦，雖然他知道自己的外甥霍維華對東林黨人有不好的看法，自己多次找東林黨人周嘉謨拉關係，希望他引薦都吃了閉門羹，不僅一口回絕不說，而且根本見都不見。

他深知黨派鬥爭的陰險，所以在外甥說話之前就對他講了

不少道理，哪知道他一時心直口快。剛見到客氏和魏忠賢便自視甚高答應下來，他多次遞眼神給他也沒有用，真要捲進了宮廷鬥爭那可不是說來玩的。這裡面凶惡著呢！

幾個人便馬上討論針對王安的上疏該怎麼寫，經過幾人的商議，他們決定定王安這幾個罪行：一是王安口是心非，明明想攫取掌印的職務卻厚顏無恥的推辭，欺君罔上，謊稱自己在生病卻跑到西山外面去玩。這第一條是王體乾挖空心思寫的，為的是阻止王安反悔。第二條是霍維華編的，說王安勾結東林黨人，用人失當，推薦應泰任職遼東經略的時候丟失了瀋陽和遼陽。犯有誤國之罪。最後一條是魏忠賢想出來的，說王安看著人好，實際上做事情卻很歹毒，例子便是王安堅決要把李選侍逼出宮。毫不手軟，在處理宮中盜竊珠寶案件的時候也血口噴人，明明李選侍身邊的人搬走的是自己的物品，硬說是盜取財物。強加了很多太監莫須有的罪名。

設定好了王安犯的罪行之後，霍維華便先擬定寫好了一篇奏摺，交給王體乾，王則把這篇上疏夾在通政司呈送的摺子裡，放到天啟批閱的桌子上。魏忠賢則將霍維華彈劾的奏摺和王安自己請辭的上疏精心放置在天啟容易看到的位置上。

天啟皇帝果然看到了司禮監呈遞上來的奏摺，打開一看，霍維華寫的上疏就出現在眼前。魏忠賢假裝不知道，但是餘光卻一直盯著天啟。又緊張又期待朱由校的面部表情發生變化，他心裡想的是，看到陳述王安過錯的上疏肯定會生氣。但是天

啟看了一陣，笑了笑，又放下了。

朱由校轉過身來，在案頭前坐下，很順利的發現了王安寫的辭職奏摺，魏忠賢想，這次應該會有反應吧，哪知道，朱由校只是很快的瀏覽的一遍之後便離開了位置，來回在屋裡踱步。踱步完了之後就坐在案頭上，拿起了小刻刀專心的雕刻起木偶來。

表面上看朱由校在玩耍，但實際上他心裡在想如何處理王安的事情。

說王安的壞話他是不信的，現在王安年紀大了，身體抱恙，司禮監的工作事情繁瑣，算是宮中忙碌的部門，凡是涉及到宮中需要下聖旨的事情都需要加蓋鋼印，工作強度比較大，他做這件事肯定會很吃力，他本想把這份工作交給魏忠賢做，但很可惜魏忠賢又不識字，除了這兩個人之外，剩下的就是王體乾了，這個太監做事情也還行，王安之前就說過王體乾辦事可靠，他再想，要不讓王體乾來擔任掌印太監。但他總覺得缺些什麼，就一直沒有做出決定。

到了晚上，王體乾又花血本請魏忠賢和客氏吃了一頓好的，請他們為自己在天啟皇帝面前說說好話。

魏忠賢說：「行，這幾天我們找個時間就跟天啟皇帝說。」

隔了幾天，朱由校想過嘴癮，便派人通知客氏親自下廚炒幾個拿手菜給他吃，朱由校的口味客氏早就熟悉，得到通知後，馬上動手，親自為朱由校做了一大桌子好吃的菜。

菜備齊之後,她才讓人請朱由校過來,兩人吃得開心。一邊聊一邊吃,不一會就有了醉意。

客氏知道酒桌上最好說話,就趁著吃完飯找遊戲玩的空檔,順便把王安的事情引出來了。客氏問:「我聽魏公公說,王安身體不好,自己也上疏請辭,不想擔任掌印的職務,讓你另外找人。」

「事情是這樣的。」

客氏說:「王安也辛苦,身體出了問題,工作力不從心,皇帝應該多體恤一下他的不容易,現在年老體弱,還需要多休息才是,不要什麼事情都麻煩他。生病了還是身體最重要,不如讓他先把身體養好。」

客氏說完聽著朱由校的回答。

「奶媽說的對,這件事我會好好考慮的」

「對了,宮中內廷叫司禮監有個叫王體乾的人?」

「是有這個人,妳也認識?」

「他送了我一件上好的衣裳,我作為皇帝的奶娘,不應該隨便收別人的東西,今天回頭我就讓人送回去。」

「奶媽,妳如果真的很喜歡,那就收吧。」

「這個人品德怎麼樣?我收他的東西會不會讓你不光彩?」

「此人據說做事情還可以,我也不是特別了解,只是王安以前向我提過。」

客氏覺得引到點子上了，就提出了重點。

「既然王安都認為此人不錯，那麼現在為了讓王安好好養身體，他來擔任掌印太監不是正好？」

「我也在想此事，反正不急，再看看。」

過了十幾天，司禮監還是沒有一點動靜。王體乾坐不住了。

皇帝既不下詔書讓他接替職位，也對王安的請辭書沒有任何回覆，他覺得這件事肯定不是自己想的那麼順利，只要王安還在宮中，那他這個職位就很飄渺。於是想來想去，他再次找了客氏和魏忠賢，提議將王安做掉。

魏忠賢說不要急，再過幾天看看。

他實在不想殺掉王安，本來爭奪客氏弄掉魏朝已經讓他心裡很有愧疚感了，再說，王安救過他的命，他實在下不了手。

客氏指責魏忠賢的搖擺不定：「大丈夫做事情就要果斷，不能猶豫徘徊，優柔寡斷的像個女人一樣。」

王體乾現在是真的很急了，他知道，王安如果不死，那麼這掌印的職位落在他頭上無疑於痴人說夢。他在想，有什麼辦法能夠讓魏忠賢痛下殺手，就推辭說：「魏公公既然下不了手，那就再想另外的法子，這件事反正這麼多天都過來了，也不差這幾天，就怕外廷的大臣知曉。」

回去之後，王體乾想到了一個辦法，決定採取唬人的辦法，迫使客氏和魏忠賢就範。第二天上午，他就急匆匆的跑到

客氏那裡，驚慌失措的對客氏說：「王安現在準備動手了，妳的弟弟客光先之前占了一個宮女的便宜，後來那女子反抗，被妳弟弟殺掉了。現在王安寫了一份摺子放在皇帝處理文案的地方，被我發現了，我就先放到一邊。」

王體乾說的話讓客氏驚慌不已，她弟弟在很久之前的確做過此事，當時她做了很多隱蔽的工作才將此事處理掉，以為沒有什麼後患了。

其實，王體乾根本就不清楚狀況，他只是在之前聽說過客光先帶著幾個人將宮女帶走處理了，後來又隱約聽說宮女被害了就胡謅一番，沒想到這一番說辭居然把客氏鎮住了。

王體乾說，要想人不知，除非己莫為。人多嘴雜，做的事情傳出來也很正常，現在關鍵是怎麼挽回，王安在朝廷中人脈關係甚廣，宮中什麼事情他都知道。

「妳弟弟的事情一旦被追究，恐怕沒有好下場。」

客氏問：「那有什麼辦法補救？」

「還能有什麼辦法，只有把王安弄死，來個死無對證，什麼事情都解決了。這件事不僅關係著妳，還有魏公公那些事情，王安都知道，他要是對魏大哥下手，隨時都可以了結他。」

王體乾見客氏嚇得六神無主，又接著說：「我也是好心好意，這個問題只要魏哥能下手，很好解決。妳先好好想一下吧，我先走了。」

說完就躡手躡腳的走了。

客氏現在最擔心的就是她那唯一的弟弟。

本來自己在宮中混得還不錯，她擔心在農村弟弟的生活。就向皇帝討了個人情，封弟弟擔任了鎮撫司白戶的職位，沒想到弟弟客光先一來到宮中就惹事，喝酒之後在大街上看到一個女子長得好看，便動了歪腦筋。帶幾個人就把女子抓走，鎖在一間屋子裡想要發洩慾望。那女子也是有頭有臉的人，是趙選侍身邊的宮女。

但是客光先藉著酒勁，根本就沒管她，直接下手了。

讓宮女受辱在明朝按照例律是要被施以宮刑的。

客光先怕她回去告訴主子，就自作主張，把她捆綁裝進麻袋扔進了河裡……客氏越想越害怕，馬上去找魏忠賢說：「外廷已經有大臣在向王安說情了，皇帝如果心一軟讓他接任掌印職務，那麼這些日子我們做的準備工作不是白費了？」

魏忠賢說：「有大臣說情了？什麼時候的事？」

「就是這幾天才發生的事，你知道嗎？我聽說，王安準備勾結朝廷的東林黨大臣想要好好收拾你，說你在宮中目無法紀，矯詔為親戚謀好事。我們能比得上李選侍的地位？你看李選侍，是先皇的寵幸的妃子，地位那麼高，還不是被王安下重手修理。最後還不是只得搬離乾清宮。」

魏忠賢說：「看來不能坐以待斃，掉以輕心了。馬上讓門人

通知陸藎臣，讓他的外甥霍維華親自來一趟。」

霍維華很快就來了，魏忠賢向他講明情況，督促他再寫一篇奏摺，另外讓劉朝等人也上疏天啟，說他們盜寶的事情都是王安誣告的，屬於無中生有。

第二天朱由校才上朝就收到了兩份奏摺，一看又是寫王安的，就說：「怎麼又是這些讓人煩的小事情，這些事情就不要找我，你們自己處理了就是。」於是將奏摺交給魏忠賢和王體乾。

有了皇帝這句話，事情就好辦多了。

隨後，魏忠賢讓太監李永貞趕緊去王安的府邸宣旨。

當時王安身體不好，正在床上休息，身邊的親信正在為他熬藥，聽到聖旨來了，趕緊喊身邊的人扶他起來接旨。

李永貞大聲的朗讀皇帝的詔書，陳述了王安的罪狀，讀完之後，王安腿一軟，才知道自己居然受到了處罰，被發配到南海子去做淨軍去了。

南海子，就是我們熟知的王公貴族打獵的地方，在元朝也叫獵場，明朝的南海子位置在皇城的南方，因為處在紫禁城北面的後海和什剎海相對而得名，明永樂年間，在獵場周圍修築土牆，開四門。為方便皇家行獵，又逐步修建了行宮、官署、廟宇，並派員管理。除了皇帝興之所至會去這個地方打獵，一般人很少涉足。

王安聽完聖旨，嚇得癱瘓在地，他以為自己聽錯了。再次

確認之後才惴惴不安的接過聖旨。

宣讀聖旨的太監李永貞幸災樂禍，一臉嘲笑的表情：「王公公，不要忘了磕頭，跪謝隆恩。」

王安只好緩緩的跪下，有氣無力的說道：「謝主隆恩。」

身邊的心腹徒弟惠進皋顯然不信皇帝會下這樣的聖旨，就提出了異議，認為這聖旨肯定是偽造的。

本想找李永貞理論，被王安拉住了，說：「事情肯定會水落石出的。」

清者自清，他自己沒做過壞事問心無愧。

李永貞嬉笑道：「王公公，你就是太天真了，現在我也不怕告訴你，我的職位就是魏公公矯詔提拔的，你能奈我何？」

王安聽了怒不可遏：「你們這幫奸臣不得好死。」

「隨你怎麼說，我不僅是奸臣還是一個小人，那又怎樣。你還是去南海子好好享受一番吧。」

於是讓錦衣衛將王安及身邊的侍從等人帶走。

南海子離京城不遠，走路只需要一個時辰就可以到達。但是王安身體不好。走幾十里路肯定完不成。身邊的人本想找個轎子讓他乘坐，李永貞當場攔住了，王公公此番前去是做淨軍，不是去享福，不能坐轎子。

坐轎子不成，王安身邊的親信考慮到他年紀大，替他找了一輛馬車。但還是被押送的錦衣衛阻止了。

沒有辦法，王安只得讓自己的親信王裕民和徒弟惠進皋扶他，毛介壽和李秀背著隨身攜帶的東西，楊公春帶著行李，向宮外的方向走，離開了他們這個多年工作的地方。

　　幾人走了不久，就看到遠處有人牽著一頭小毛驢過來了。

　　錦衣衛問：「來著何人？」

　　對方拿出腰牌：「我是南海子過來負責接人的。」

　　於是把小毛驢牽到王安身旁，讓他乘坐。

　　王安心裡一陣感動，離開了皇宮多年生活的地方，還有人能顧及他，實在難得。

　　一行人懶懶散散地在路上走，沒有說話，除了沉默就是沉默。

　　走了一個多時辰之後，終於到達了南海子。在南海子的北門口，擔任南海子的提督大人宋晉親自出來迎接。

　　錦衣衛將人物的注意事項做了交代，叮囑宋晉等人一定要嚴加看管，不能讓他們和外界有任何聯絡，親戚朋友前來探望也不行，如果發生犯人逃跑將會追責。移交完成錦衣衛就走了。

　　宋晉一看錦衣衛走了，慌忙將王安領進去，然後鬆了他的鐐銬。

　　他和王安年紀差不多大，自己曾經得到過王安的幫助。他聽說王安被押送到南海子來，心理已經猜到了王安定是被誣告的，他馬上吩咐下人準備好酒菜，寬慰王安說：「想不到王公公居然遭人下狠手，送到這個冷清的地方來了。這是什麼世道。」

王安嘆了口氣：「我落到現在這個樣子完全是自作自受，怨不得別人。」

宋晉說：「現在人多嘴雜，備好的酒菜，你就一人先獨自享用，我就迴避一下，以防別人抓住口實。」

「希望不會拖累你。」

「拖累倒不怕，只要我宋晉在南海子一天，王公公你就放寬心，絕不會為難你。這地方雖然冷清，可也有吃有喝。」

「我現在這個樣子，恐怕你對我的恩情，我難以報答了。」

「公公別這麼說，想當初我在宮廷裡受欺負的時候，還是你親自為我說好話，才讓我能有今天，如果當時不是公公你，我還不知道現在在哪裡。你現在在我這裡，我能照顧你，也算是我對你的一種報答。你現在身體不好，先多休息，不要想太多。我就先告辭了。」宋晉朝幾人擺手。

王安的徒弟惠進皋跟了出來，向宋晉提出了請求，看能不能找一個郎中治一治王安的病，他現在身體虛弱，病得很重。

宋晉滿口答應：「我先出去尋尋再說。」

惠進皋作揖感謝，被宋晉扶起。

「你好好照顧你師父，現在朝政奸人當道。真是應了那句『魏鬼當頭坐，茄花滿地生』啊。」

說完就轉身出去了。

惠進皋回到房間裡，問王安這話什麼意思。王安有些生氣，

讓他不要聽信傳來的話,更不要亂說,否則就馬上離開。

後來,惠進皋聽到身邊的王裕民聊起,才知道這歌謠指的是魏忠賢和客氏作亂宮廷的事情。

晚上幾人坐在王安身邊,為他出主意,說要不要找宮中的人尋求幫忙。

王安說:「我現在一把老骨頭了,不想再連累他們。人大不了一死,沒有什麼可怕的。」

「但就這樣不明不白地遭受厄運不服啊,至少我們要把事情的真相告訴太監曹化淳,請他找人把事情的真相告訴天啟皇帝。」

曹化淳深受司禮太監王安賞識,兩人關係一直不錯,為王安的親信。

「算了,不就是發配到南海子嗎,我受得了,你們記住,如果我有一天死了,你們也不要亂來,一定要注意保護好自己,現在都休息睡覺吧。」

身邊的人都不能理解,王安在想些什麼,這樣誣陷冤枉的事情,他怎麼就忍受得了呢?

第二天,宋晉託人找到的郎中前來為王安看病,檢視了王安的情況之後,他說是身體偶感風寒,加上年老體弱,遇事受了刺激,導致身體出現問題,只要合理的調養,再吃上自己開的幾味藥,應該就沒有什麼大的問題。

就這樣，在宋晉的照顧下，王安的身體開始漸漸恢復。

過了幾天，魏忠賢藉著看望王安的名義，前來檢視情況。王安知道這個魏忠賢做事陰險，自己已經領教過了，便對他很冷漠。

但魏忠賢毫不理會，問他：「王公公最近可好？」

「託你的福氣，我現在過得還行。」

「公公居然會落到如此田地，實在是讓人心生愧疚啊。」

王安聽出了話外之音，便想起一件事，追問他：「那個宮廷盜寶的案子，你是不是主謀？」

魏忠賢沒有說話，表示默認了。王安又問：「那魏朝呢？」

「這些事情都過去了，就不要再提了。」魏忠賢岔開話題。

他現在才覺得魏忠賢陰險狡詐，他偽裝得多麼好，以前一直認為他是心地善良之人。

魏忠賢討了沒趣，轉身就出去了。

這王安居然還活得不錯，日子過得滋潤。當即命人找來宋晉，交代他找個時間將王安弄死。

宋晉嘴上答應，但魏忠賢前腳一走，他還是老樣子，每天好吃好喝私底下伺候著王安。

過了幾天，魏忠賢又派太監塗文輔前往南海子傳達意見：皇上口諭，將王安處死。

宋晉還是老樣子，嘴巴答應照做，但實際上還是置之不理

此時的王安生活悠閒，雖然是發配在南海子，但因為宋晉的照顧，他的日子過得也不苦，在南海子的獵場裡面休息，發現這裡的景色也不錯，有山有水，陽光燦爛，一切都美得讓人沉醉。

如果不是因為發配到此地，恐怕還享受不到這麼好的美景。如果皇帝來這裡打獵就好了，就可以陳述冤情，身邊的楊秀和也附和王安。

就這樣一直到中秋節快來臨的時候，王安活的尚好。

眼線把這個消息告訴魏忠賢的時候，他等不急了，再不除掉以後就有麻煩了。就打算矯詔將南海子的負責人換成王安的死對頭。

九月二十日，他派塗文輔和劉朝前往南海子宣讀聖旨，將宋晉革職，提拔劉朝擔任提督南海子。

劉朝在之前是李選侍的太監，參與魏忠賢的盜寶案中被抓以後，被王安下重手處理。遭受嚴刑拷打，打了四十大板，很有怨言，其他同夥體力不支早就見了上帝。只有他和田詔等人運氣好，沒有被處死，僥倖撿了一條命。他對王安恨之入骨，早就想報仇。現在終於等到了機會。

劉朝到的第一天，便將南海子所有的人召集起來開了短會，針對王安的事情講了幾點意見。

王安是犯罪的人，朝廷發配到南海子是來服勞役的，不是

來享受生活的，從今天起，他們都要勞動，不能全部歇著，然後將惠進皋等人一一安排了任務。分別調開，惠進皋到南海子的南門養殖獸禽。李秀和和毛介民去捕魚，王裕民到西門去當執，楊公春餵養牲畜。

王安則被單獨安排在西苑的蘿蔔地澆水。他住在北苑，從北苑到西苑路途遙遠，要走上五六里，上了年紀的王安，早上天不亮就得起床，然後提著桶到一公里外的海子裡取水，木桶很沉，他身體弱，挑上東西走上幾步就氣喘吁吁，好不容易才把菜地淋完。

劉朝就想好好折磨王安，便直接讓人斷了王安的伙食，早上又很早催促他去工作，王安沒得辦法，只有強撐著去做，從早上一直到晚上，累得四肢無力，兩眼昏花，最後昏倒了。

當時有一戶人家路過看到了一位老人暈倒，就把他帶到家中給他喝了一點熱水，後來交流才知道他已經快兩天滴水未進，純屬餓暈的。那家人對他的遭遇表示同情，就送了幾個饅頭給他吃。有時候在他工作的路上送上一些餅給他吃。

就這樣過了幾天，王安還活著，工作雖然慢，但至少有力氣。

劉朝覺得很奇怪，就在他工作的時候悄悄在後面跟著，跟了一陣看到有人暗中幫助他，給他吃的，就安排了田詔，讓他嚴加看管，如果還有誰拿吃的給他，嚴懲不貸。

在這樣的情況下，王安斷了食物來源。周圍的人看他累也

不敢給他吃的。

王安餓得不行，就趁著田詔沒注意的時候在蘿蔔田裡挖了一些蘿蔔藏在衣袖裡。晚上回來，等到半夜沒有人的時候偷吃。

這樣又過了兩三天，王安還沒有死。

魏忠賢一再催促劉朝趕緊下手。

劉朝便在二十四號晚上，找了幾個人強行把王安裝到麻袋裡，用木棍一陣痛打，直接打得王安不能動彈，確認死掉之後，又將他的頭砍下來，扔到外面。身子就剁碎餵狗。

王安一死，他身邊的幾個人也相繼受到迫害。後來曹化淳也因為王安的事情受到牽連。被發配到南京。

王安死後，南海子按照魏忠賢的指示進行報告：王安因為身體原因病故。

皇宮的事情繁多，對於一個太監的死，大家都沒有過度的關注。有聰明的人心知肚明，但也只能白肚明。沒辦法，自己力量微小，以卵擊石，泥菩薩過江，自身難保，要讓皇帝相信是魏忠賢做事情害死了王安，太難了。後來這件事情也就不了了之。大太監王安被處理了之後，王體乾順利地接手了司禮監掌印太監的職位，掌握了權力。

魏忠賢趁機把司禮監的人全部換成了自己的人。

王安一死，天啟時代的政治板塊就發生了變化，本來東林黨人在朝野之間就有舉足輕重的影響力，消息傳遞更新及時。

現在王安一死，東林黨就失去了一隻在朝廷中接受政治消息的眼睛。王安倒臺意味著新舊勢力的對撞和交鋒拉開帷幕。對於王安的遭遇，有良心的東林黨人曾經也想過雪恥報仇，可也許是考慮到操作實踐的困難、艱鉅和風險。權衡利弊之後，東林黨人論證得出結論，報仇不划算且充滿危險。放棄了復仇的計畫，並為自己找了一個很好的藉口：君子報仇，十年不晚。這種做法跟東林黨人知識分子的身分有關，所以不太願意採取暴力的方式，除了抗議幾聲之後便沒有下文。這種有唇亡齒寒關係卻不主動營救的決策，在以後的發展中，讓東林黨人吃盡了苦頭。

魏忠賢得勢之後，馬上清算舊帳，把當初在四川告他一狀的徐貴，找了個藉口處理掉，然後命人把當年捆著他打的打手邱乘雲也弄死了。到天啟元年的十二月，魏忠賢又兼任了惜薪司太監。

那麼這個惜薪司是什麼職位呢？歷史記載，所謂惜薪司就是專門職掌宮中薪炭的機構。因為冬季北京氣溫較低，為了禦寒，凡是王宮貴族等一干人，諸如天子、皇太后、皇后起居之所，以及皇子、皇孫、公主、嬪妃、宮女、太監居住的地方都要用木炭燒暖炕和火爐。這麼一說大家都明白了，也就是說專門管炭火的機構，惜薪司和鐘鼓司、寶鈔司、混堂司併為明朝四司。

在整個明代，惜薪司是僅次於錦衣衛的部門，皇宮中每年「用木炭二千六百八十六萬斤」。明朝用的木炭和我們現在喝夜

啤酒，吃燒烤的木炭不一樣，明朝所有的炭，叫紅羅炭，產於通州、涿州、宛平、大興等地，是用硬質木材燒製而成的。烏黑發亮，燃燒耐久，火力特旺，沒有味道，不冒煙，不致汙染宮殿內的空氣。能夠有效保障宮廷的溫暖且不產生汙染，薪炭事小，但卻在宮中是必不可少的物資，送薪炭的宮員要送貨上門直抵皇宮內廷，因此素有近侍牌子之稱。取名為惜薪司，多半是取珍惜薪炭，節省度用之意。

接著又兼任了負責宦官食米的供用庫、負責御膳宮內伙食的尚膳監的職務──掌印太監。還掌管了皇店寶和店（明代皇帝私人開的店）。

後來不久又管理東廠，這下魏忠賢是大權在手了。

魏忠賢要處理好公文事宜並非易事。處理公文對一般的官員沒問題，因為他們是飽學之士，學富五車，但是魏忠賢就不行，因為沒有多少文化，魏忠賢識字困難。要完成批閱公文的任務無異於痴心妄想，對於這個艱鉅的工作，魏忠賢自然是有辦法，他很快就到職了，請了幾個人有點學識、親近的人配成祕書團隊，承上來的奏章，先由祕書將晦澀難懂的文言文翻譯成白話文。然後遞給他，他再自己說幾句話，祕書又將他說的話俗語寫成文言文，這種來回翻譯的方式在整個明代可以說是破天荒的頭一次，奇特的問政方式頗有些滑稽的感覺。

因為自己沒有學識，所以魏忠賢批閱奏章鬧出的笑話逸事也不少，歷史記載，在西元1618年至1619年（也就是明萬曆

四十六年至四十七年）發生的遼東戰役，邊關戰事吃緊，需要馬匹，需要朝廷撥付，朱由校急得六神無主，魏忠賢突發奇想，皇宮中有賞賜給一些官員大臣的馬匹。魏忠賢認為把這些馬匹送過去正好可以緩解前線馬匹緊張的情況。於是便徵收了皇宮中幾百匹馬到前線，這件事表面上看是為皇帝分了憂，但是這個辦法卻不實際，單不說這幾百匹馬對於邊疆戰役是杯水車薪，光是從北京運到前線的運輸就可以把人折磨得不輕。更不用說這些養尊處優的馬上前線打仗。能夠送抵嚴寒的遼東活下來就已經算了不起了。

　　對於這樣的做法，皇帝本來應該批評指責，但朱由校沒有責怪，也許是從小和魏忠賢建立起來的歲月親情占了上風，覺得魏忠賢這麼做也情有可原。便諒解他的做法。

　　朱由校作為大明帝國的皇帝，卻不怎麼關心政治，這就無形中給了宦官專權可乘之機，仔細梳理太監魏忠賢的發展史，時間為他提供了很大的機遇，若是在明朝以前的朝代，一個太監要想達到權勢通天基本上不太可能，魏忠賢卻輕而易舉就掌權了，這個和明朝建立的歷史背景密不可分，明朝的歷史，實際上就是一部宦官干政的歷史，作為開國的皇帝朱元璋。他曾經很敏銳的感覺到宦官干涉政治是十分危險的，因此他在當政的前期，對宦官的控制是非常嚴格的。不僅不讓太監識字，而且給太監的待遇也很低，做的是最累的工作，在那個時代，當太監可以說是一個完全喪失了人身自由的奴才。不要提什麼待

遇，能夠活下來已經純屬不易了，宮中人數眾多的太監身分卑微，皇帝只要動怒，可以隨時收割他們的小命。

為了杜絕太監干政，開國皇帝朱元璋還在宮廷的門口立了一塊牌子來警示朝臣，書寫「內臣不得干涉政事，違者斬」，可以說身為大明帝國的締造者，他的措施，在很長一段時間內對太監都形成了威懾力，加之朱元璋本身對太監沒有什麼好感，所以那個時代的太監都要靠邊站。

朱元璋一心想讓自己的子孫後代領悟自己的用心良苦，奈何，計劃趕不上變化，朱元璋當上皇帝之後，首先做的事情就是解決自己的威脅，當初和自己一起出生入死的好兄弟，現在手握重兵，這些人有實力也有謀略。隨時威脅他的統治。所以稱帝不久，就著手找藉口剷除這些成就了他帝王的功臣。集權一身後，朱元璋發現自己忙不過來，事必躬親根本不現實，還是需要找人來分擔工作，找來找去都覺得大臣不滿意，還是自己身邊的太監更讓人放心。

他試著把一些小事情小心翼翼的交給自己認可的太監去辦，太監辦的辦事能力也沒有讓他失望，後來，他便對太監放了心，開始派給太監一些重要的任務。洪武十一年，他遣內臣吳誠詣總兵官指揮揚仲名行營觀方略，八年後，又派遣唐敬偕內臣賷屬國。

有了開始，便很難結束，宦官干涉政務的大門，慢慢打開了。

其中在明成祖時期，表現得特別明顯。

太監當權

　　永樂為明朝第三個皇帝明成祖的年號，在位時間從西元 1403 年到西元 1424 年，共二十二年，這期間，明朝國力強盛，經濟持續發展，史稱永樂盛世。透過靖難之役登基帝位的燕王朱棣，更是得以於太監的出力。

　　中國的皇位一直實行的是嫡長子繼承制度，明朝開國皇帝朱元璋將帝王之位傳給其孫朱允炆。（朱允炆其父太子朱標早死）即建文帝。

　　他上臺，著手鞏固皇權，採取一系列消藩的措施，他在內城開始部署部隊，借邊防的理由，把朱棣的部隊調出塞外，準備削除燕王。燕王早就想起兵奪權，便看準時機，於建文元年（西元 1399 年）起兵反抗，隨後揮師南下，史稱靖難之役。因朱元璋繼位解除了一系列威脅自己統治武將的兵權。到建文帝登基的時候，能征善戰的將領非常少了，

　　朱棣的奪權路上，非常信任太監，時常派遣太監當監軍或者使臣，隨軍出征或駐節地方，立下了汗馬功勞。成為帝王之後，朱棣把更多的權利都給了身邊的一些親信太監。太監的地位便有了明顯的提升。

永樂三年，朱棣派遣大太監鄭和率領船隊下西洋，野史記載，朱棣派遣鄭和的主要目的是為了尋找建文帝的下落，疑心建文帝可能流失海外，順便宣揚國威。

航海史上赫赫有名的太監鄭和原本不姓鄭，姓馬，叫馬和。小名叫三寶，鄭和的父親是一位喜歡徒步的冒險家，母親姓溫，是一位非常賢良的女子，馬家在當地很有地位，鄭和是雲南昆陽人，鄭姓是皇帝的賜姓。在 14 歲的時候就因為天資聰穎在燕王平雲南之戰中被賞識，鄭和勤奮好學，思維敏捷。在靖難之役中立下赫赫戰功。永樂二年（西元 1404 年），朱棣便升任其為內官監太監，相當於正四品官員。後來鄭和下西洋的故事更是在歷史中獨樹一幟，作為一個宦官太監，能夠在歷史的長河中留下如此豐功偉業，堪稱奇蹟。

朱棣之後，明朝的太監權力越來越大，干涉朝政的頻率越來越高，宦官獲得了權力後，便可以名正言順的攫取更大的利益。明朝內宮中有二十四監，其中司禮監秉筆太監權力最大，輔佐皇帝批閱奏章。地位十分重要。

明朝幾任翻雲覆雨的大太監，都曾擔任過這個司禮監秉筆。明朝正統十四年，司禮秉筆太監王振慫恿明英宗朱祁率領部隊御駕親征瓦剌，明英宗不顧群臣反對勸阻，把兩歲的皇子朱見深立為皇太子，讓異母皇弟朱祁鈺留守，親率大軍出征，因為行軍路線屢變，士兵疲憊不堪，加上後勤保障不力，士兵無心戀戰，瓦剌趁機進攻，明軍大敗，皇帝被俘，歷史稱之為土木堡

之變，土木堡之變，無數文官武將戰死，財產損失不計其數，五十萬大軍全軍覆沒，京城門戶洞開，明英宗復位之後殺了很多慫恿的權臣，導致明朝軍政接近癱瘓。

正德年間，秉筆太監劉瑾，大權在握，在朝廷一手遮天，陷害忠良，作威作福，魚肉百姓。當時坊間傳言，明朝有兩個皇帝，一個是明武宗，一個就是他，因為喜歡錢財，劉瑾被捕之後，從他的家中搜出來的金銀就有數百萬兩，並且還有仿製的偽璽等物品，抄出來的錢財已經超過了當時的明朝國庫，後被凌遲 3,357 刀處死。

因為魏忠賢有權有勢，很多人都投靠他成了忠實的走狗。

王體乾在當了司禮監掌印太監以後，每天都向魏忠賢彙報工作，公文的奏疏批閱之後，他會和另外兩個魏忠賢的親信把奏摺的處理唸給他聽。魏忠賢聽後如果有什麼不對的地方，他們再商議修改。

天啟皇帝最後定奪的時候，魏忠賢就對上疏的內容按照自己的想法解釋給天啟聽，使得天啟按照自己的思路處理。

每天處理完事情之後，魏忠賢都要和客氏一一核對商議，有無不妥之處，以防止出事。

其實魏忠賢有些擔憂過度了，畢竟天啟這個孩子真的對政事沒有什麼興趣，他所有的興趣點都在木頭家具的構造上。皇帝喜好玩耍，那簡直太好了，魏忠賢就針對天啟的愛好，馬上制定了辦法，除了進貢好玩的器械之外，還親自陪著天啟皇帝

玩遊戲，什麼鬥雞鬥蟋蟀、騎馬射箭、聽歌唱戲、搭建閣樓等等，目的就是要讓這個喜歡玩的孩子高興開心。

天啟樂此不疲，長這麼大還沒有這麼痛快的玩過，簡直太爽了。

當了皇帝之後，現在是要什麼有什麼，比皇孫的時代不可同日而語。自己的手藝也越來越好，他完全可以把一個個零散的木件拼湊成一個精美的成品。而且還學會了刷油漆。

把木器拿到寬闊的地方，刷漆晒乾，是一件非常有成就感的事情。

他做事情很認真，常常為了做好木具，廢寢忘食，神情專注，連周圍的太監的呼喚他都置之不理。

在這種痴迷的狀態下，天啟皇帝最不願意別人打擾他。

魏忠賢就透過此，就摸到了處理政務的竅門，趁著他繁忙的時候，拿著奏摺進去等待批覆，天啟皇帝很不耐煩，直接一句話就是「你們自己看著辦」，至於到底奏摺是什麼事情，他從來不過問。

要的就是這一句話，你讓我看著辦，那我就有了巨大的操作空間。這也是後來為什麼朝廷大臣和魏忠賢鬥爭，往往鬥不贏的重要原因。我就是聖旨，能隨心所欲處理你。你沒有任何辦法，怎麼告皇帝都不管用。

天啟愛玩，魏忠賢就陪著他瘋狂玩。甚至把軍隊拉到宮中

來進行操練，就是為了讓皇帝好玩。

軍士分成兩隊，在皇宮裡練習進攻，防守，天啟皇帝坐在上面看的津津有味。後來嫌棄操練不夠真實，還要求實炮演練。於是震耳欲聾，驚天動地。據說天啟皇帝唯一的一個小兒子死掉的原因就是被炮聲驚嚇而死。

魏忠賢則負責壓軸，在關鍵的時刻出馬，幾千名錦衣衛護送他出場，魏忠賢進宮之前，喜歡射箭，經常練習，在天啟面前，他也露一手，在士兵的呼喊聲中，彎弓射箭，數次射中靶心，天啟也為之叫好。

在天啟的心裡，魏忠賢才是一個好臣子，什麼事情都陪自己玩，真的是應了那句陪伴是長情的告白。

客氏和魏忠賢對皇帝的影響甚至超過了他明媒正娶的老婆。這件事說起來讓人有些驚訝，但事實就是如此。

凡是皇帝到了一定的年紀，禮部便會同相關部門，派出大批宦官在全國各地挑選年齡在十三歲到十六歲的妙齡少女，從中選拔出五千人，由明朝皇室提供路費，父母在規定的時間內到京城準備第二波篩選。

朱由校也到了結婚成家的年紀，禮部已經從明朝各地選出了美女五千人，她們已經先後乘坐交通工具抵達京城。統一安排在紫禁城的客棧裡，為了保護秀女選拔的正常進行，京城錦衣衛早就將客棧的各個路口進行了封鎖，嚴禁行人通行。

負責選妃工作的司禮監老太監劉克敬帶領幾名太監趕到美女們住宿的客棧，準備進一步挑選，他現實把這些女孩子們都帶到周圍一個相對封閉的空地上，然後分成幾批次，每一批次10名，根據女孩子的年齡大小，體型胖瘦，個子高矮排隊站好。

　　忙活了一陣，將這些女孩排好隊形之後，劉克敬等人就從這些站立的秀女們面前走過，在美女中篩選美女，對他們來說，簡直既高興又難受，高興的是看見了這麼多富有姿色的美女，難受的是數量眾多的美麗女孩和他們近在咫尺，卻不是他們可以動歪心思的。

　　太監們仔細地觀察每一個女孩的體型容貌，先根據體型勻稱篩選一道，將偏胖的、偏瘦的、身高偏矮的女孩全部清理出去，用了幾個時辰，終於完成第一關的初步篩選，剔掉了一千人。

　　剩下的四千人在第二天，又照舊按一百人為一組排好隊站立。讓太監仔細的檢查這些秀女的五官，凡是牙齒不齊、身體有異味、眼睛沒有光澤、耳朵鼻子皮膚有疤痕的、肩膀腰圍不達標的，都不合格，予以淘汰。這樣篩掉之後，又讓剩下的女孩子開口說話，聲音不好聽的、音質混沌的，也清理出去。這樣篩選了以後，四千人就剩下了兩千人。

　　到了第三天，就主要測試秀女的手腳長寬是否協調、身體各個部分是否符合正常的比例、言談舉止有無問題，這樣之後秀女就剩下了一千餘人。

　　這一千餘人秀女被全部帶到宮中私密的屋子裡，由儲秀宮

的老宮女對這些女孩子進行裸體檢查，這一次主要測試女孩子的胸部是否飽滿、腋下有沒有臭味、發育是否完整，這一關很細緻，費時費力，經過一天的篩選，就剩下三百多個女孩子。

這些勝出的女孩子將被安排在宮中集中生活一個月的時間，主要觀察她們的生活習性、人格涵養、語言交際、為人處世的態度。對品德和智力進行重點考察。

經過這一個月生活的觀察，選出了德智體美兼具的五十名女孩。

四月五日，經過多重考察脫穎而出的五十名女孩，抵達皇宮的偏殿上，等著考試挑選冊封。負責這一次考試的是被封為皇太妃的劉昭妃，她接到朱由校的聖旨，親自來和這些女孩面談，主要考察秀女們的學問、吟詩作畫、文化涵養，經過兩天的精心挑選，選出了三位才藝俱佳的女孩，分別是河南祥符縣推薦的女孩張嫣、段氏和王氏一共三人。

劉太妃讓女官將這三個人帶到一邊的偏房裡，按照一對一的方式，對她們進一步考察，然後針對考察的情況寫了一份分析報告。

張嫣的點評最好，報告中說她年紀十五歲，身材豐滿，容貌俏麗，面如觀音，有清水出芙蓉之美，沉魚落雁閉月羞花之貌，秀髮烏黑，明眸皓齒，膚如凝脂，聲如清泉。

下午，劉太妃就來到乾清宮就選妃的事情對朱由校進行了彙報：自己完成了皇上安排的任務，挑選了三名姿色俏麗的女

子,說完將女官寫的分析報告呈遞上去。

朱由校很高興,連忙賞賜一杯參茶給太妃喝,太妃開玩笑道:「這麼勞累,陛下居然只給一杯茶來謝我嗎?太小氣了。」

「那太妃要什麼可以跟我說,朕一定滿足妳,要不然,我請太妃吃大雜燴如何?」朱由校抿著嘴偷笑。

「皇上現在是一國之君,還像個小孩子一樣,只想著吃自己喜歡的美食,別人難道也愛吃?」

「那我⋯⋯送妳一件衣服如何?上等的白狐做的裘衣。」

「好啊,皇上,有你這句話就行了。老身告退,皇上忙於政務,事情繁多。好好保重。」

才走幾步,朱由校就喊住了她,央求她明天陪自己去見見三位女孩。

太妃爽快答應了。

朱由校在屋子裡來回的踱著步,他現在很想見見這三位女孩的面容,到底有沒有這報告上說的這麼美。

六日早上,朱由校吃完早膳就吩咐太監劉客敬將三位秀女帶進來。

朱由校坐在正中,劉太妃坐在正廳的上位,客印月坐在次位。

三個女孩子一排站在他面前,朱由校馬上就被張嫣的容貌吸引了,兩眼都離不開她,不僅身材婀娜,膚白貌美,而且長得楚楚動人,富有氣質。

他情不自禁的站在張嫣面前，抓住張嫣的纖細的手問道：「今年幾歲？」

張嫣羞澀的回答：「後年十五。」聲音甜美清脆。

朱由校嘖嘖感嘆，真是仙女。

又問她是哪裡人，張嫣又一一作了解答。

劉太妃看到朱由校的神態，心裡已經猜到了他的想法，本想走上前去。客印月卻走到朱由校和張嫣的面前說：這女子十五歲就長得這麼壯實，以後如果生了孩子，肯定會長胖，依我看，還是這位王氏女孩不錯，長得國色天香。

朱由校看到奶媽的臉色有些微怒，似乎不喜歡張嫣，便呵呵的傻笑鬆開了張嫣的手，然後找了個藉口說：「選妃的事情，很重要，不如把趙選侍喊過來一起參謀參謀。」

劉太妃已經猜到朱由校是因為客印月在場，不好意思當場說出他的想法，於是就順了朱由校的提議：「趙選侍眼光不錯，也算是你的長輩，她來選一定很合適。」

趙選侍是萬曆皇帝的妃子，但一直沒有得到冊封。直到朱由校當上皇帝之後才被封為選侍。趙選侍聽了劉太妃的話，就心中有數，自己又前來看了三位女子，便說在她看來，三人都貌美絕倫，但這其中張氏女子算是最好。

最後張嫣就被定為皇后，王氏被封為良妃，住在東宮，段氏被封為純妃，住在西宮。

皇上要結婚了，宮廷內外都忙碌起來，內閣大臣、文淵閣大學士等眾多大臣都聚在乾清宮的尚書房內，討論朱由校的婚禮操辦。

選中了自己最喜歡的人，朱由校掩飾不住內心的歡喜。坐在朝堂的龍椅上，精氣神很好。

他把婚禮的籌備交給了眼前的眾位大臣。

大臣張唯賢說：「明朝幾十位皇帝，恰好趕上舉行大婚的慶典只有四位，皇上洪福齊天，也是其中之一，這是我明朝全國上下的一件大事，我們能幫忙操辦也是我等的福氣和幸運。」

朱由校又問了具體的婚期。

張唯賢以好事成雙為由建議定在本月的十六號。

眾位愛卿表示贊同，隨後又定了擔當大媒，迎親的具體籌辦官員。

在涉及到迎接皇后的地點時，大臣孫慎行提出了疑問：何地接親？

因為張嫣的家在河南祥符縣，距離太遠。如果千里迢迢去迎親，不僅耗時耗力，而且時間也來不及。

劉一燝提出了辦法：「既然張嫣的父母都在京城，那麼直接讓張嫣的父母就在客棧舉行六禮，從客房裡接迎張嫣，這樣既安全又省事。」

大家紛紛表態贊成。

協商完成之後,眾位官員就開始行動起來,積極履行自己的職責。

張嫣父母居住的地方是仙客來客棧。老闆聽說自己的客棧居然有當今當選的皇后娘娘居住,高興地不得了,把客棧裡裡外外收拾得分外潔淨明亮。

十一號一大早,皇上安排的媒人張唯賢和劉一燝等人趕到客棧,和張嫣的父母張國紀見面,雙方互道問候,講明皇上喜歡的人就是張嫣,被選為皇后。

張嫣的父母聽到這個消息,激動不已。全國上下有多少女兒的家人都盼望著自己的女兒能夠被選上,光宗耀祖,卻沒有想到,這麼好的事情竟然落在了自家女兒頭上。馬上叩謝皇上的浩蕩皇恩。

第二天一大早,司禮監的秉筆楊克敬帶著聖旨,前往仙客來客棧宣讀旨意,張嫣的父母趕緊跪在客棧門口迎接,只聽得太監高聲念道:河南祥符縣張國紀之女容貌俏麗,品行端正,母儀天下,封為皇后。現在請張國紀速速進宮,問名,納吉。

十三號,張國紀夫婦進入皇宮,接受媒人的問人、納吉之禮。禮部在很早就安排人員布置好了會場,乾清宮的儀仗,樂隊演奏,桌子等都擺放就緒,張國紀夫婦第一次進宮,看到這麼大的排場,有些發抖。走路都不俐落,只得被宮女攙扶著,好不容易才坐到了問名的桌子前,鴻臚寺掌禮賓的禮儀事項。張國紀將隨身攜帶的生辰八字交給他。

到十五日中午，宮中納彩的隊伍喜慶的直達仙客來客棧，走在最前面的是鼓樂隊，其次是儀仗隊、彩禮箱、迎親的轎子，負責迎親的張唯賢和劉一燝坐在轎子中跟著長長的隊伍前行，皇帝結婚，是明朝大事，道路兩旁雖然已經做了防護措施，可是依然抵擋不住百姓看熱鬧的熱情。大家擠擠攘攘，圍得水洩不通。

皇家的彩禮果然豐厚，除了金銀首飾和各種玉石、名貴字畫之外，還有綾羅綢緞、黃金萬兩、精緻的盥洗用品。隊伍抵達之後，張唯賢和劉一燝代表明朝皇帝家人在客棧與張國紀共進午餐，謂之宴請。交代婚禮的日期和注意事項。

十六日大早，朱國柞帶著迎親的隊伍，聲勢浩大地前往仙客來客棧，迎親的規模宏大，除了官員、太監、侍衛、宮女人數眾多外，還有錦衣衛在前後開道。張國紀夫婦來到了門口，迎接皇宮前來的隊伍。朱國柞首先宣讀了皇帝的詔書，然後將金冊、金寶放置在龍亭裡。之後，皇宮的宮女前往張嫣的房間，為她梳洗打扮。

過了約莫半個多時辰，張嫣出來了，她身著明朝皇后的禮服，帶著鳳冠。跪拜接受金冊、金寶之後，等到良辰吉時一到，新娘子就乘坐轎子起駕。大隊人馬從仙客來客棧出發，先後經過大明門、天安門、端門，抵達午門。朱由校身著帝王龍袍，頭頂皇冠，乘坐御輦，帶著文武百官在午門迎接新娘張嫣的到來，兩支隊伍很快會合在一起，禮炮齊發，鐘聲齊響。

在激昂的鼓樂聲中，隊伍進入紫禁城，太監宮女分列兩邊夾道歡迎，禮部官員在此等候已久，隊伍到達之後，就接過皇后的金冊和金寶，交給相關的人放在交太殿內。新娘子繼續乘坐轎子，直接前往目的地坤寧宮。

朱由校在坤寧宮牽著張嫣的手，踏著鮮豔的地毯，在鼓樂聲中走到正廳中間，鴻臚寺負責婚禮的人，在他們面前字正腔圓的宣告：一拜天地，二拜高堂，夫妻對拜。因為朱由校父母都不在了，所以就由劉太妃代替朱由校的父母坐在上面接受皇帝的孝禮。

結婚禮儀結束之後，新娘進入洞房，文武百官接受皇帝的宴請用餐。

到了晚上，朱由校滿臉欣喜的走進了溫馨、浪漫的洞房，走進桌前，將新娘子的蓋頭解開，燭光下張嫣安靜的坐著，一襲紅色十分迷人，張嫣抬頭望了一眼朱由校，羞澀的笑了笑，這笑容讓朱由校不能自持，馬上就抱在一起。

宮女卻在旁邊提醒道：「皇上，還要喝交杯酒呢。」

結個婚怎麼這麼多事情，朱由校很不情願，但在張嫣的面前，只得起身去拿杯子。

婚後的第二天，朱由校帶著張嫣來到了午門來祭拜天地，到宗廟裡祭祀列祖列宗，然後到太和殿接受百官的跪拜朝賀，接著下詔，正式奉張嫣為皇后，宴請滿朝文武官員。

結了婚之後，朱由校一連三天都待在坤寧宮裡，享受著初婚的幸福生活，這本是正常的現象，但咸安宮有一個人坐不住了，這個人就是客印月，自從皇上朱由校結婚之後，客印月就覺得自己被嫌棄了，以前都是她專職哄皇帝睡覺，現在朱由校婚後，不再需要她陪伴了，她感到自己很無奈，心中鬱悶不已。

魏忠賢的睡覺也被打擾到了。

「老魏，你看皇帝這一連幾天都待著坤寧宮裡不出來。」

「皇上才結婚，正在享受肉體之歡，這很正常啊。初婚誰不高興。」

客印月聽到這些話，心裡更難受，她一下子起身坐起來，睜大雙眼看著魏忠賢：「你是豬腦子啊，說的全是面子話，你不知道東宮西宮的妃子加起來好多人，皇上卻被坤寧宮那女人迷了心竅，他現在心裡只有皇后張嫣，以後他就不聽我們，聽張嫣的話了。」

魏忠賢被客印月的話驚嚇了一陣，連忙賠不是。

對啊，他怎麼沒想到這個問題。

「時間不早了，還是休息吧，明天我們再看看。」

客印月在魏忠賢的安慰下，才轉怒為喜，這才鑽進被窩裡。

「妳犯不著吃一個小女孩的醋。」

「你說誰吃醋！」客印月很不高興，剛平靜的語氣又突然高亢起來。

「好了好了，我也就是隨便說說，她也就是一個十五歲乳臭未乾的女孩子，根本不用擔心。」

「你錯了，你不知道這個女孩子的本事，這個人我仔細了解過，不僅讀得了書，做事還有一套，那天我和她第一次見面，就覺得這個人不簡單，年紀雖小但很穩重，富有心機。當時我就覺得這個人很危險，所以才勸天啟皇帝不要選她為后，沒想到皇帝還是選了，她當上皇后，父親也升為太康伯。」

魏忠賢確實沒有關注這個女子，他現在忙著把自己的親信和親戚安插到宮裡的一些部門中去。

四五月日，魏忠賢讓王體乾矯詔，將塗文輔提升為司禮監擔任秉筆太監，很快這個消息都讓宮裡的人意識到投靠魏忠賢才有前途，這種情況之下，李永貞也順勢投拜在魏忠賢的門下，表示自己願意做他的孝子孝孫。

這李永貞原來是萬曆皇帝身邊的太監，但此人為人貪婪且目中無人，沒有什麼好人緣，後來又因為犯罪被關押十八年，出獄之後，他馬上投在兵杖局的掌印諸棟門下，表示自己的忠心，因為諸棟經常到魏忠賢去交流工作，他也和魏忠賢手下的太監劉榮混熟了，並結成了生死之交，後來又託劉榮帶他到魏忠賢那裡謀求進一步發展。

在跪拜表達了充分的忠心之後，魏忠賢收了他。

他現在手下很缺人，尤其是李永貞這種滿肚子墨水的人，

當李永貞向他講述自己的身世時，看著他柔弱的樣子，不知怎麼，他想起了自己曾經害死的兄弟魏朝。他知道，這樣的人吃裡扒外、阿諛奉承是本事，當你有權力的時候，他們會像蒼蠅在你身邊飛來飛去，只要給點好處就可以為你做任何事。

他正好需要，於是就讓王體乾矯詔，將李永貞從一個小太監提升五級，升為司禮監的秉筆。李永貞進來之後，又相繼引來了劉若愚等人，將他們介紹給魏忠賢。

魏忠賢又把自己的姪兒魏良卿從老家安排到錦衣衛南鎮撫司，然後把知道他過去的李實弄到南京的江蘇織造，高明弄到南京。

第三天，魏忠賢就和客氏商討辦法，怎麼刁難皇后張嫣。

皇后生隙

　　婚後，張嫣和天啟關係不錯，度過了一段非常快樂的時光，但是時間久了，天啟愛玩的天性又顯露出來，不上早朝，不理朝政，一天都要張嫣陪著他一起玩。張嫣從小接受的是書香門第的良好教育，舉止穩重，不喜歡玩，但礙不住才結婚不久，不好推辭，就陪朱由校玩耍了一陣。

　　這天早上，朱由校用膳完畢就想玩，於是通知下屬讓戲團隊帶上木偶劇來皇宮演出，這些演戲的人從盒子裡拿出精雕細刻的人物模子，朱由校也拿出自己精心雕刻的小人和戲團隊的人對玩。

　　玩耍的模式是在長寬各一尺有餘的木池裡加入水，在裡面放置魚蝦，然後用凳子放在木池下面，用竹片支撐起紗布，人站在紗布後面，根據劇情的發展，將小木偶放在水面上，用手在上面打鬥玩耍。

　　朱由校正玩得愉快，客印月帶著宮女太監來了，見朱由校就說：「兩人玩這個遊戲沒意思。」於是吩咐隨身的宮女去把東西兩宮的貴妃叫來一起玩。

　　張嫣在朱由校身邊，看見有人走過來，抬頭一看，才認出

了這就是選妃那天阻止她封后的皇帝奶娘客氏，於是就很不高興地對朱由校說：「你們自己慢慢玩，我回屋去看書去了。」沒等朱由校同意，轉身就走了。

客印月的面子被掃了，就對朱由校說：「玩耍也要雨露均霑，後宮這麼多妃嬪也要關注一下，不要一直都跟一個人玩。」

朱由校見客氏說的話酸酸的，本想發火，但一想這幾天奶媽似乎心情不好，於是就擠出一絲笑容說：「以後客氏說了算。妳說怎麼玩就怎麼玩。」

這麼一說，客氏才露出了滿足的神情，不一會兒，東西兩宮的貴妃都來了，幾人就在一起看戲團隊演《八仙過海》。

晚上，朱由校看完戲就在王貴妃的邀請下去東宮睡覺了。這一去又是幾天沒有到坤寧宮去，張媽心裡十分焦躁，朱由校身為一國的皇帝，居然聽客氏奶媽的話，成何體統。

自己身為皇后，居然受到冷落，本想找朱由校理論，但自己如果因為這點小事就和他鬧翻也不好，於是就忍在心裡。

過了一段時間之後，朱由校還是沒有理她，張氏就生了氣。後來朱由校過來找她，她也愛理不理。

皇帝這邊和張媽鬧了矛盾，魏忠賢也出了岔子，發生的事情讓他煩悶不已。那就是自己的老相好，客印月居然偷情了。

客印月偷情的不是別人，正是後來投在魏忠賢門下的沈㴶。

偷情的事情還要從沈㴶到京城任職的時候說起。沈㴶到乾

清宮彙報工作的路上,正好碰上了才從皇帝屋子裡出來的客印月,因為走路匆忙,無暇顧及,在轉彎處,兩人撞了個滿懷。

客印月感到一陣麻痛,正想生氣,抬頭就看見沈㴶微笑著作揖道歉,眼前的沈㴶有著高大俊朗的身材、帥氣的臉龐、器宇軒昂的風範,她當時兩眼都直了,之前傳言沈㴶長得好看,現在見到了,果然名不虛傳,面前的沈㴶看得客印月心花怒放,小鹿在心裡亂撞,她不禁有些臉紅。而沈㴶早就聽說過客氏的大名,但這絕美的容貌還是第一次見,兩人相對,互生情愫。

待到回過神來,沈㴶才不好意思地明知故問:「妳是⋯⋯?」

客印月馬上就回答:「我是皇帝朱由校的奶媽,奉聖夫人客印月。」

「久仰久仰,我是沈㴶。」

「沈大人,有空的時候就來我這裡坐坐,我就住在這乾清宮的附近,西二側。」說完拋了一個媚眼給他。

沈㴶本想繼續聊,只聽到門官喊了一聲:「沈大人覲見。」

他只好折身回去,看了一眼客印月,然後走進了尚書房。

從乾清宮彙報完工作以後,沈㴶不由自主地來到了乾清宮旁邊的西二側,客印月正在那裡想和他碰到的好事。西二側屬於內宮,外廷的大臣不能進去,沈㴶在外面轉了兩圈,只好離開。

沒想到的是,客印月第二天就託人找到沈㴶,讓他到一個地方碰面,這正是他夢寐以求的。兩人頻頻約會,不能自持。

客印月那段時間每天都精心打扮自己，乘坐小轎子經常出宮。魏忠賢見她幾次這樣就覺得很奇怪，於是暗中派自己的親信太監李朝欽跟蹤，看客印月每次出宮到底去做什麼。

李朝欽領了魏公公的令，跟著客印月來到了京城外的一個飯館，在飯館門前，一個長得高大儒雅的男人已經在那裡等待多時，客印月一到，他就迎上去，牽起了手，直接往裡走，一隻手挽住客印月的腰，走進飯館的二樓，然後將房間反鎖。二人在裡面行魚水之歡。

李朝欽連忙向飯館老闆打聽，後來才知道這是內閣大學士沈漼。

知道這個消息後，李朝欽趕緊回宮，把自己的所見所聞和打聽的事情，仔細地向魏忠賢彙報了一遍，把魏忠賢氣得怒目圓睜。這女人居然在外面胡來，簡直不識好歹，居然還敢找朝廷的大臣，魏忠賢氣歸氣，可是客印月的脾氣他是知道的。自己如果責罵，肯定會翻臉，到時候撕破臉就完了。但自己不能這樣任憑別人戴他綠帽子，於是腦袋一轉，想到了一個計謀來應對。

客印月時常出去，這一天，她睡了午覺之後，又開始打扮梳洗，不一會兒，她就打扮完畢，靚麗烏黑的秀髮配上她玲瓏有致的身材，身上再披上一件上好的絲綢披肩，美若天仙。雖然已經三十四歲，可是看上去還是很年輕。

等她一出門，魏忠賢就馬上採取行動。

客氏很快就出了宮門，直接奔向約會的老地方。兩人見面就抱在一起，卿卿我我。

　　沈㴋將客印月按到在床上，嘴裡不停地說：「幾天不見，太想了，我的美人，想得我茶飯不思，睡不著覺。」

　　一邊說一邊寬衣解帶。

　　正在這個時候，外面傳來了太監劉若愚的喊聲：「奶娘客印月前來聽旨，皇上口諭，有事情召妳，請速速回宮。」

　　聽到聖旨，兩人馬上清醒大半，沈㴋馬上起身，嚇得亂作一團。

　　「這聖旨怎麼跑到這裡來了，他們知道妳在這裡？」

　　「我沒有跟任何人講我來這裡啊！」

　　客印月只好迅速穿好衣服，急匆匆地跑出來接旨，趕緊回宮。

　　但是回宮之後，除了陪皇上玩木具之外，再也沒有任何事。

　　這樣來了幾次以後，客印月疲於奔命，兩人正想進一步，聖旨就剛好到了，把兩人的好心情都弄沒了。

　　魏忠賢拿得出的就是這樣的手段。這一次他打算親自去看看，客印月迷戀的這個人有什麼樣的魅力。

　　他假傳聖旨破壞了兩人的苟合之事，就馬上帶著禮物，親自到沈㴋的府邸上去拜訪。

　　沈㴋才回家。就聽到門人報告說：「魏公公前來了。」

　　壞了，他不會是來找麻煩的吧。

嚇得他一陣心慌，但現在要殺要剮也只有聽天由命了。只好出來迎接。微笑著拱手迎接道：「魏公公來到我沈府上，真的是稀客，也是我等榮幸。」

魏忠賢本來是打算來警告沈㴲離客印月遠點，但在見到沈㴲卻改變了主意。

沈㴲現在是朝廷大內閣大臣，自己以後染指朝廷大事，還需要他幫忙，以後多一個人幫自己說話也挺好的，所以來到沈府之後，他對沈㴲和客印月苟合之間的事情沒有任何提及，只是提到：「沈大人頗有學識，每天都在皇上身邊辦事。我想請教一下，怎樣才能讓皇上開心？沈大人給個意見吧。」

原來魏忠賢不是來怪罪他的，那就好說了。

為了讓魏忠賢不恨他，就幫他出了一個好主意：「如今皇上年輕氣盛貪玩，尤其喜歡刺激的遊戲，你可以在宮內排練『內操』，讓皇上在宮裡過足操練軍事的癮，這樣下來，皇上肯定很高興，到時候你不僅可以藉機收買一批自己的人馬，還能讓你成為皇帝最器重的人。」

好主意，魏忠賢聽了沈㴲的建議，拍手叫好，就忘了他和客印月之間發生的事。留下他來吃飯，兩人聊來聊去，竟然無話不談，後來沈㴲也成了第一個投靠魏忠賢的高級官員。

魏忠賢回到宮中之後，立即找到了朱由校，向他提建議說：「可以在宮中玩內操遊戲。」

朱由校那時候正在研究手中的木頭小人，聽到魏忠賢如此一說，來了心情，馬上同意開辦。

　　魏忠賢在得到他的允許之後就四處找人，很快，不到十天的時間，就招了接近一萬人，這些人統一服裝，每個人手上都帶著刀劍等武器，全部到宮內的空地上操練。

　　隊伍建好後，魏忠賢邀請皇帝朱由校前來親自檢閱，並在皇帝面前把自己年輕學過的騎射本事不失時機地表現出來，騎著駿馬飛奔，拿著箭騎射，動作迅速，一點都不像上了年紀的老人，並且連射幾箭，都射中了靶心。

　　朱由校也看得入了迷，不住地為他拍手叫好。

　　內操遊戲太好玩了，比木工好玩多了。

　　朱由校心裡還是惦記著張嫣，但客印月一直盯著他，他不好去找張嫣，可是久了之後又擔心張嫣會更生氣，便想到邀請她參加內操來取得她的歡心。

　　為了緩和關係，他親自拉皇后張嫣去看皇宮中的軍隊操練，那時候張嫣正在屋裡看書，太監急匆匆的來報，說是皇上在內操上摔著了，張嫣一聽，擔心得不得了，馬上出門就直接趕到場地上，結果自己到地方一看，原來是他們組織兩隊人馬在操練，玩扮家家酒的把戲，朱由校全身完好，是他故意騙她出來的。

　　朱由校自己率領幾百個太監上陣演戲，好讓她目睹一下他

的威武風采，為了讓皇后張嫣能夠享受遊戲的快樂，他提議，讓張嫣率領幾百個宮女助陣一起參加。但張嫣認為這就是扮家家酒，圖好玩。沒有任何意思，於是就找了個藉口直接走開，天啟皇帝的面子被掃，心裡不爽。

任憑他在背後怎麼挽留，但張嫣也是頭也不回，沒有理他。

「沒有了皇后我們照樣玩。」

朱由校耐著性子，找了個宮女頂替皇后參與操練，但因為皇后太假，所以宮女一點都不聽號令，嘻嘻哈哈亂成一團，朱由校的心情一下子變得不好，覺得這樣做沒意思，便直接下令收兵，內操便早早收場。

魏忠賢站在一邊心裡竊喜，既然皇帝和皇后有了矛盾。那就每天都讓皇帝弄「內操」，氣死張嫣。

朱由校在魏忠賢的慫恿下，玩耍得越來越瘋狂。張嫣很快就受不了。

自從張嫣在乾清宮參與選妃與客氏心生矛盾後，兩人便開始水火不容了。

魏忠賢變本加厲拉著天啟繼續肆意的玩，把皇后張嫣晾在一邊，然後又悄悄派人監視皇后的生活。

皇后張氏並不是一個軟弱的人，文靜的外表下有一顆剛強的心。她對皇帝身邊的客氏和魏忠賢有看法：「他們這樣帶著皇帝聲色犬馬，到底打的什麼鬼主意？國家還要不要治理了？」

為了讓皇帝醒悟，張嫣就在他們玩耍的時候以抵制抗議。

客氏在宮中一時興起，要求宮女都換上江南的衣服，認為低髻的裝束很好看，張皇后則反過來，讓自己宮中的女子穿窄袖子，束高髻。和她的要求唱反調。

兩人明爭暗鬥，張嫣雖然對天啟皇帝的玩耍行為很討厭，但畢竟是自己的丈夫，在他休息的時候，苦口婆心的勸諫皇帝一定要遠離客氏和魏忠賢的禍害。天啟已經痴迷玩耍，哪裡聽得進去，反而覺得張氏是多疑，對張氏說的話置之不理。

不過這話很快就被客印月派到皇后身邊的宮女聽進去了，馬上對客印月說了，魏忠賢得知後，更加對張嫣恨之入骨，為了敲山震虎。第二天，客印月故意在坤寧宮面前毆打一個和皇帝發生過肌膚之親的宮女，大聲斥責：「不要以為和皇上交歡過我就不敢動，打了妳，皇上也不敢說什麼！」

張嫣正在宮中休息，聽到外面有聲音，後來讓人打聽，才知道客印月竟然在她住的地方打宮女，簡直不把她放在眼裡。直接走出去就將客印月大罵一頓，責備她不守本分。

客印月理屈詞窮，受了一段侮辱走開了，回來以後，對魏忠賢大哭大鬧說：「不給張嫣點顏色看看，以後再宮中怎麼建立我的威嚴！」

魏忠賢覺得，要除掉皇帝的老婆，不太容易，商議之後，他們覺得正面直接出手勝利的可能性不大，從背後耍暗招最實在。

他們先是買通了一名被判死刑的囚徒，這個囚徒叫孫止孝，讓他死死咬定張皇后是自己的女兒，而不是張國紀親生的，畢竟作為後宮之主，出身很重要。

　　做好準備之後，還需要一個人把這件事鬧到皇帝的耳中。找來找去，他們終於找到了一個合適的人。這個人的名字叫劉志選，為萬曆年間的進士，最初擔任刑部主事的官職，因為和官員劉復初、李懋檜一起上疏反對冊封鄭貴妃的事情，對皇帝控制輿論的做法不滿，被貶到外地，後來在官吏的考核中由因為不合格被罷免，閒置在家三十年。

　　三十年的時間坐冷板凳，讓他變化很大，在之前他還算的上是一個富有正義、勇於勸諫的朝廷大臣，三十年後，他腦袋開竅，蛻變成了投機之徒。

　　天啟元年的十月分，葉向高接到朝廷的旨意，準備返回京城，在路過杭州的時候，坐了三十年冷板凳的劉志選老頭聽說葉大人要來，趕緊跑過來拜見，好吃好喝的款待葉向高，陪同葉大人周旋了一個月之久。希望他回京之後能夠幫下忙，美言幾句，幫他安排一下官復原職。葉大人回去之後升任內閣首輔，對於劉志選託付的事情，替他弄了一個南京工部主事的官職，算是幫忙。

　　也許是賦閒久了，在現實中領悟了艱難苦處和冷漠的社會對待，此時復出擔任官職的劉志選馬上轉風使舵，在嗅到到敏銳的權力風氣後，立刻就投靠了魏忠賢。魏公公在內廷很有

話語權，投靠的人很多，劉志選一把年紀，為了盡表忠心，仍以晚輩相稱，表示願意為魏公公效犬馬之勞，數次表明心意以後，魏忠賢終於注意到了他。一個調令，就讓他回京做了尚寶司少卿（管理皇宮印章的副官）。得到了魏忠賢的相助，他在彈劾正直官員上很賣力，不僅彈劾三大案中的孫慎行等人，而且還彈劾幫助過自己做官的葉向高。真的是應了那句，有奶吃便是娘。

魏忠賢要想做掉皇后張嫣，首先做得就是汙衊她的出身，使其身敗名裂，他當時採取的行為，已經讓朝中一些正直的官員反感，膽大的官員就在內宮中的大門口張貼謗書，嚴肅駁斥魏忠賢的可恥行徑，並貼了一份禍害時政的爪牙名單，魏忠賢位列第一。

耳目一報告，魏忠賢怒不可遏，懷疑是張氏的父親找人做的，於是準備動手，將張嫣和他父親，以及朝中屢屢找自己麻煩的官員一併收拾了。

按照事先商議的辦法，由親信邵輔忠、孫杰先根據魏忠賢的指示大致寫了一個奏疏，指責張皇后的身分。但寫得沒有深度，停留在表面之上。理屈詞窮，魏忠賢等人商議後覺得不行，只好另外找人重寫。這一篇涉及到皇后的奏疏，除了行文要縝密細緻之外，對官員自身的文筆和任職資格要求都比較高，最好是德高望重的大臣，這樣弄出來的奏疏才有分量，人們才會信。

找來找去，魏忠賢想到劉志選，於是就讓親信去交接，親

信太監很快就找到了劉志軒並傳達了魏公公的要求，劉志選一聽找到他辦事，有些猶豫。畢竟這是一個玩命的工作，有著巨大風險。搞不好就會掉腦袋，自己雖然一把年紀了，還是很怕死的，於是沒有馬上答應，轉而和家人商量。家裡的人達成一致意見認為：老劉現在七十多歲，早死晚死都要死，大不了多活十幾年。為頗有權勢的魏忠賢賣命，不僅他自己可以得到很大的好處，家人也還有享用不盡的榮華富貴，只要魏忠賢不出事，那麼劉志選就應該沒事。如果十年以後出事，人大概都不在了。也不怕出什麼意外。

這世道，過好日子才是最重要。

家人的意見定了，劉志選心一橫，鐵了心弄奏疏。

他把邵輔忠、孫杰先的奏疏仔仔細細地改了一遍，再三確認無誤後，就呈遞給了朝廷，奏疏裡面說：張嫣的父親張國紀行為禍亂，不僅霸占宮女韋氏，而且還多次干擾司法。張氏皇后的出身非常不堪，不配做皇后。他用兩個地方做了說明：張國紀和張嫣就好比硃砂和玉石，風馬牛不相及。硃砂是丹山這個地方出產，玉石是藍田出產，兩地相隔甚遠，沒有任何關係，言外之意就是張皇后不是張國紀的女兒，而是被關押死囚孫止孝的，死囚已經據實招供。

《明史》有紀錄：「毋令人訾及丹山之穴，藍田之種。蓋前有死囚孫二言張后己所生，非國紀女也。」

這奏疏對張皇后從頭黑到腳。既然張皇后的出身是強盜死

囚之女。那麼她生的子女也就是強盜的外孫了。

　　天啟皇帝拿到奏疏頭皮發麻，自己在選妃子這樣嚴肅的事情上還是有原則，宮中做事情都有一定的標準和規範。應該不會出錯。他看了一遍奏疏，有些懷疑其描述的真實性。再者，且不論奏疏真不真實，一個臣子敢對皇家的事情指手畫腳，說明這個大臣膽子實在太大，其用語之惡毒，實在是難以容忍。於是直接下旨斥責劉志選。

　　張嫣被黑，朝廷的大臣紛紛議論，一些大臣相繼上疏，請求嚴查謠言。遭到斥責之後，劉志選不服，和時任御史的梁夢環一起再次上疏，把這件事鬧大。客氏再在皇帝身邊火上澆油，在後宮妖言惑眾，煽風點火，表示自己要派人去調查皇后的出身，堅決不能讓這種人禍害，丟了皇家的臉面。要派人把張嫣抓起來，防止她再生事端。客氏故意說這樣的話讓張氏的貼身丫鬟聽，丫鬟聽到消息後，馬上告訴了自己的主人——皇后。

　　這樣做得目的很簡單，就是要讓皇后知難而退、身敗名裂。達成的目的就是：皇后被罷免。這樣一來，就可以安排魏良卿的女兒進宮，再來一個黑箱作業，肥水不落外人田。讓她上位，到時候後宮就有自家的人了。

　　魏忠賢的如意算盤打得精啊。

　　因為這個手段太黑，有風險，有人還擔憂安全，如果查出來皇后張氏沒有問題，那就不好說了。搞不好會偷雞不成蝕把米。據說客氏回家探親的時候，她的媽媽就勸她不要這樣做，

萬一出了事情不好收場，還沒有好下場，客氏聽了後沒有作聲。

魏忠賢和客氏針對張皇后的誣陷計謀沒有達到預期效果，他鬼點子多，又想出一個辦法，那就是先找了一批武藝高強的人事先在大殿附近做好埋伏，他則把天啟皇帝帶到大殿，按照預演的流程，自己左右觀察環境，顯出緊張的樣子，馬上命令身邊的人在大殿搜索，把幾個披堅執銳的蒙面武士搜了出來。

天啟皇帝不知道是魏忠賢的計謀，以為有人要謀害他，嚇得他大驚失色，魏忠賢當著他的面把這些刺客全部抓到錦衣衛處審訊，這些武士按照提前準備好的臺詞，一致汙衊是張國紀派他們來刺殺的，還說要找信王聯絡。

這樣的奸計就是一石二鳥，不僅能做掉張皇后，還能把信王扯進去，來個一箭雙鵰。

這件事被王體乾得知以後，他找到魏忠賢和客氏，談了自己的擔心：「皇帝朱由校和信王兄弟關係非常好，萬一這件事出了亂子，走漏了風聲，那麼我們大概要死得難看。」

魏忠賢覺得王體乾說得有道理，派出來的武士萬一受不了刑法變卦了，把他們招供出來就玩完了，於是趕緊找人把牢獄中的幾個武士殺了，人死了就不怕說話了，可惜那幫武士，本來是為了賺一些銀子養家的，沒想到卻把命送掉了。

對張皇后的陷害，斷斷續續一直持續了很久，張國紀大概是受到了刺激，行為開始放蕩，皇后張氏怕人家說閒話，就讓天啟皇帝派人把自己的父親遣送回去了。

在宮中工作多年的王體乾的確做事沉穩，一眼就看出了事情的利弊，天啟皇帝的確對親情看得很重，透過對張國紀的處理就看得出來，考慮到張國紀是懿親，因此沒追究他的行為。

皇后的父親回去了，宮中就少了一個對頭。雖然張皇后沒有垮掉，但她和天啟皇帝的關係卻很冷淡，皇后張氏過生日的時候，按理舊例慣制，對服侍她的宮女和內侍都有賞賜，但天啟就是不鬆口，一兩銀子也不拿，張皇后只得自己掏腰包，賞賜一些銀子製作的豆葉小錢給他們，生日過得也是異常冷清。但好在她心胸開闊，也不以為意，要換做一般的人早就生氣了。

天啟皇帝是有意給她難堪，客氏生日的時候，天啟高規格對待，對客氏簡直是好到極點，不僅親自祝賀，而且還賞賜給服侍過客氏宮女大筆銀子。在這樣的比較之下，皇后的內侍就有意見了，說皇后小氣。

皇后知道，天啟皇帝現在是被客氏和魏忠賢矇蔽了雙眼，她一個弱女子周圍全都是眼線，自己只能以靜制動、韜光養晦，在宮中處了一段時間之後，她算是對皇宮有了更深的理解。天啟對她很冷，日子不好過，她就幫自己找樂趣，選了一批宮女，和她們玩遊戲，背誦詩詞，打發時間。

她並不是一個傻的人，相反地，她看得很透澈，客氏和魏忠賢雖然很多次都要害她，但她都僥倖躲脫了。

到後來天啟皇帝駕崩，關鍵時刻張氏沉著應對，果斷出手，成為打敗魏忠賢的重要助手。

需要說明一點的是，很多人以為皇后張氏年紀很大，其實不然，張氏進宮的時候也就十四五歲，和天啟皇帝結婚的時候才十七歲。小小的年紀，在宮中要和魏忠賢和客氏這幫狡猾的人鬥智鬥勇，確實太不容易了。

明朝的皇后常住的地方叫坤寧宮，皇帝則住在乾清宮，兩邊隔著一段距離，坤寧宮正好在乾清宮的南邊，南邊和北邊一樣，按照東西的方向分為兩暖殿。

天啟皇帝住在西邊，皇后就選擇了離天啟最近的西暖殿。

雖然離皇帝很近，但是張氏還是不自由，身邊經常是魏忠賢和客氏的眼線。連自己住地的管事都是魏忠賢的心腹，直接監視她的行為。

張氏雖然跟天啟關係冷淡，但還是維持著彼此往來的關係，西元1623年，當上皇后兩年的張氏懷孕了，剛開始嘔吐得厲害，吃不下飯，後經太醫診斷有喜。客氏知道以後，很慌亂，擔心張氏懷孕生下皇子，母憑子貴，他們更沒有好下場，於是商議對皇后張氏採取行動讓她流產。

客氏先是動用關係把皇后身邊不聽她指令的宮女換成了自己的人，然後讓這些宮女在皇后的身上動手腳，具體的做法，史書是這麼說的：「張氏有孕，客氏暗囑宮人，於捻背時，重捻腰間，孕墜。」用現在的大白話來講就是客氏叮囑宮女，在幫皇后按摩後背的時，一定要用力捏她的腰間，這樣可以使她早產，早產下來的皇子因為不夠健康，身體不好，就死掉了。

劉志選在魏忠賢的授意下,幾次上疏誣告皇后張氏,但張氏安然無恙,他不甘心,又繼續上疏攻擊左光斗等正直忠良的大臣,魏忠賢看他很賣力,於是提升他當了右僉都御史提督操江(操江是明朝官名,明督察院以副僉都御史充任,主管上下江防。),這個職位權力比較大,相當於現在的長江安徽、江蘇段的負責人。

劉志選在花甲之年當上了高層,可是運氣不好,沒過幾年,崇禎上臺。魏忠賢逃難的半路上在客棧自縊而亡,劉志選也被逮捕下獄,自認為難逃罪責的他也選擇上吊結束生命。

皇后張氏在後來天啟駕崩的關鍵時刻表現出色,將皇位順利地傳給了信王朱由檢,保持了政權的穩定,讓魏忠賢的篡位落空。可以說居功至偉。

後來明王朝滅亡的時候,李自成的大順軍進城,張皇后為了保持名節,上吊自盡。

客氏對皇后都敢如此,其他人更是不在話下,伺候過泰昌皇帝的趙選侍因為和客氏關係不好,客氏找到魏忠賢,二話不說,馬上矯詔賜死,還有深受天啟皇帝喜歡的妃子裕妃因為懷孕的事情,也遭來了殺身之禍。因為肚子懷胎十三個月尚不分娩,被魏忠賢挑撥,說她是得罪了神靈才導致這樣,要讓她在宮中單獨祈禱,後來把她身邊的人全部趕走,關在屋裡,不給食物,直接被活活餓死。

還有一個天啟寵愛的馮貴人,因為勸天啟不要再皇宮內開

內操，被客氏嫉恨，同樣是直接矯詔賜死。

除了上述人之外，還有李成妃，她只是為慧妃說了幾句公道話，就被客氏嫉恨，因為有了裕妃的前車之鑑。因此，客氏把她關之前，她提前把準備好的食物藏在房間裡，關了半個月，客氏發現沒有死，以為是上天保佑，殺不得，於是直接逐為宮人。

胡貴妃就更冤枉了，因為說錯了一句話，客氏就恨上她了，趁著天啟皇帝出宮祭祀的時候，直接把她害死，然後騙天啟皇帝說：「胡貴妃身體不好，染上了風寒，得疾病死了。」

客氏在後宮一手遮天，有看不順眼的，或者勇於反抗的，通通嚴懲，宮中沒死的人心驚膽顫，人人自危，達到了彼此見面都不敢說話的地步，生怕惹禍上身。

天啟皇帝前後有過幾個子女，但卻沒有一個長大成人，最大一個也就將要滿周歲就夭折了，其餘的兩個，一個是九個月受了驚嚇而死，另外一個是在王恭廠火藥庫大爆炸後不治死掉。

總之，天啟皇帝沒有後人，有人評價這段歷史的時候認為，排除自然因素的干擾，魏忠賢和客氏難辭其咎。作為一個皇帝，自己的子女沒有一個活下來就沒有思考其中的原因，而是渾渾噩噩地痴迷玩耍，這讓人唏噓。

客氏這麼一搗亂，天啟的幾個老婆死的死，沒剩下幾個，除了良妃和純妃因為自己沒有子女，加上本分老實，才得以保全性命。

魏忠賢和客氏在明朝內廷和後宮肆意妄為，幾乎沒有遇到過像樣的抵抗，王安這個人雖然有地位有本事，但虧在心腸太軟，做事情又不毒辣，在魏忠賢的偽裝下很難看到他的真面目，後宮之中皇后張氏聰慧有個性，但屬於孤軍奮戰，其他妃嬪也是勢單力薄，成為了客氏待宰的羔羊。

　　光在明朝內廷和後宮發號施令還不夠，明朝的行政體制實行的是內外二廷制度，除了內廷司禮監和皇帝負責一部分以外，還有大部分在外廷的大臣手裡，外廷的大臣眾多。在穩住了內廷之後，魏忠賢就開始著手控制外廷，他遇到的第一股大力量，便是歷史上赫赫有名的東林黨。

東林對手

　　外廷的大臣幾乎都是東林黨人，東林黨並不是一個集團自己取的名稱，最初是明朝兩派鬥爭被叫出來的名字，所謂黨就是同一個團隊裡面的人，抱著有共同的價值取向聚在一起，最初是政敵的醜化稱呼，後來人們研究歷史，將其冠名為東林黨。

　　關於東林黨的解釋，歷史書上是這麼定義的：明朝末年以江南士大夫為主的官僚政治集團。因此東林黨是屬於朋黨範疇，而不是我們所理解的近代政黨。

　　最早的來源要追溯到萬曆十三年（西元 1604 年），顧憲成等修復宋代楊時講學的東林書院，與高攀龍、錢一本等講學其中。東林講學之際，正值明末社會矛盾日趨激化之時。東林人士諷議朝政、評論官吏。提出了廉正奉公、振興吏治、開放言路、革除朝野積弊等進步口號，這些針砭時政的主張得到當時社會的廣泛同情與支持，同時也遭到宦官及其依附勢力的激烈反對。兩者之間因政見分歧，演變形成明末激烈的黨爭局面。反對派將東林學院講學及與之有關係，或支持、同情講學的朝野人士籠統稱之為東林黨。

　　顧憲成作為開拓者，一向以勇於說話聞名，不怕得罪權貴，

在萬曆年間，明朝內閣首輔張居正因為抱病，很多大臣都去看，掏錢慰問拉關係，但他卻無動於衷。有一些交好的大臣怕他得罪首輔，就幫他交了錢登記了名字，哪知道他聽說後，堅決不同意，馬上趕過去把自己的名字抹掉，表示自己絕不曲意逢迎，降低人格操守。

後來在萬曆二十二年，因為上疏直言勸諫為朱常洛爭取太子的名分，強力推薦了一批人員入閣，惹怒了萬曆皇帝被罷免官職。

免官之後，他也不洩氣，到處講學，鑽研學問，忙得充實。

到萬曆後期，朝政衰敗，他們議論時政，眾多的讀書人前來找他，聽他講學。因為聲名在外，前來聽他講課的人越來越多，他覺得要找一個地方來固定講學最好，於是就選擇了無錫城外一處廢舊的東林書院。最早之前是宋代著名學者楊時授課的地方，因無人照料，房屋破敗，他提議捐獻銀兩，修繕利用。

到萬曆三十二年四月十一日開始，大家積極響應，籌集數千銀兩。修繕了接近半年，到九月分才完工。

然後，顧憲成和東林書院的發起人高攀龍、安希範。錢一本等八人，籌建東林書院，並制定了會約，一起議論時政，東林書院定期舉辦學者講學，一些有識之士紛紛加入。

聲勢浩大，除了每個月定期舉行的講學外，書院還創新形式，透過朗誦、問答互動、集體討論等方法，商討時政的利

弊。東林書院的影響力與日俱增，由開始的鬆散聯盟，逐漸演變成了久負盛名的政治團體，顧憲成本人也被稱為東林的精神領袖。

魏忠賢要面對的對手就是這樣一個人才輩出的黨派。

從天啟皇帝登基的第一年起，隨著魏忠賢勢力的做大，明朝已經有近百人的大臣投靠在他的門下為其效力，阿諛奉承，謹表忠心，以謀求升官發財，這些人在外廷中充當閹黨的幫凶，肆無忌憚，禍害忠良，耐人尋味的是，這幫投靠魏忠賢的大臣之中，進士出身的人非常多，是魏忠賢得以實現控制外廷的重要因素。

這些投靠閹黨的進士大臣，使得閹黨在教育程度和東林黨不相上下，唯一的區別大約就是正義和邪惡了。

投靠閹黨的人，依據權力的大小可以分成幾類。

第一類大臣位於權力的最高層，閹黨有兩位拿得出手的官員，分別是顧秉謙和魏廣微。

顧秉謙是江蘇崑山人，為萬曆二十三年（西元1595年）的進士，天啟元年晉禮部尚書，掌詹事府事。第二年魏忠賢掌權之後，他馬上投靠魏忠賢，隨後得以進入內閣。明史評價他是庸劣無恥，說明他品性惡劣，居心不正。此人曾經和魏廣微一起編了一本《縉紳便覽》，將東林黨正直人士共約70餘人編錄其中。便於魏忠賢清除異己。

另外一位官員則是魏廣微，河南南樂人，萬年三十二（西元1604年）進士，由庶吉士歷任南京禮部侍郎，其父親魏允貞做事正直，但其子為人卻陰狠狡猾，魏忠賢專權後，他以同鄉同姓的身分和他勾結，後來藉助魏的幫助升任禮部尚書，入選內閣。甚至還幫魏忠賢擬定了一份內廷自己人的名單，共約60多人，便於魏公公選用提拔。

魏廣微在投靠閹黨前還有個小插曲，因為考慮到自身名譽，他多少對投入閹黨還是猶豫了一陣，加上他的父親和東林黨人的關係不錯，他想兩邊都維持一個和睦的關係。曾經幾次去拜訪過東林黨的重要官員趙南星，但趙南星對他態度冷漠，避之不見。認為他敗壞了其父親魏允貞的名聲，碰了幾次壁之後，他才放棄了和東林黨人交好的念頭。轉身為閹黨效力，在楊漣遭受責難的時候，他也一度動了惻隱之心，為他求情，冒犯了魏公公。天啟五年被逼辭職。後來崇禎上臺之後被定性為逆案中人，遭充軍處理。

這兩個人，恬不知恥地為閹黨效力，敗壞了朝政風氣。

除了以上兩人，還有黃立極、施鳳來這些大臣甘願充當閹黨的爪牙。

緊隨其後的就是天啟歷史上效忠於魏忠賢的「五虎」、「十狗」、「十孩兒」等。

五虎之首就是崔呈秀，萬曆四十一年（西元1613年）的進士。天啟初年擢升御史，巡按淮、揚。為人貪婪無恥，在東林

黨權勢很盛的時候一度想加入，但因為名聲不好，遭到拒絕。加入閹黨之後，因與魏忠賢臭味相投，做事手腳俐落，因此深得魏忠賢信任。天啟五年擔任御史，後多次升官為工部右侍郎併兼右僉都御史，專職負責督理重建宮殿的工程。期間因贓私被都御史高攀龍舉報，遭朝廷革職處置。

見仕途起了危機，崔成秀決定投奔閹黨，馬上連夜趕往魏忠賢府邸，叩頭涕泣，乞為養子。希望他幫忙，而當時朝廷東林大臣們正對魏忠賢交相攻擊，魏忠賢急需要在外廷有人幫忙，因此收留了他，為他鳴冤叫屈恢復了官職。

恢復原職之後，崔成秀在魏忠賢的手下積極做事，組織人手編撰了兩本關於東林黨人的書籍《天鑑錄》和《同志錄》，送給魏公公參考，便於他按照名單針對。

後來在魏的庇護下擔任兵部尚書兼左都御史，有了實權之後，一些阿諛奉承之徒也紛紛前往巴結，逐漸形成以他為核心的一個小集團，跟著魏忠賢在朝廷稱霸一方、呼風喚雨、為非作歹，充當魏忠賢的忠實走狗和打手。

五虎之後，其他四虎分別是吳淳夫、倪文煥、田吉、李夔龍。這幾個人都是在東林黨掌權時遭受打壓排擠，先後投靠閹黨。幾人投靠後，官運亨通，除了田吉情況不明之外，其中的吳淳夫，天啟六年丙寅冬，擢太僕少卿，視職方事。後又升太僕卿、右副都御史、工部添注右侍郎；天啟七年丁卯八月，提升為右都御史，視兵部侍郎事。敘三殿功，擢工部尚書加太子

太傅。在一年之中六次升遷,官至工部尚書。可以說除了沒有進入內閣,基本上是把官位做到頂峰了。李夔龍後來也是幾次升官,當了左副都御史。倪文煥擔任了太常卿官職。

除了文臣五虎之外,還有武臣的五彪。五彪採取的就是暴力開道,專門負責幫魏忠賢充當打手的。五彪中,排在首位的是田爾耕,任丘人,他父親曾任兵部尚書,他自己以軍功蔭錦衣衛職,官至左都督。天啟四年後掌管錦衣衛。人稱緹騎的總把子,此人狡點陰毒,與魏忠賢的姪兒魏良卿交情深厚,為魏忠賢所器重,在魏閹多次興大獄修理東林黨人時。田爾耕也出力甚多,廣布候卒,羅織成罪,酷法拷訊。凡是入獄的人只要進了錦衣衛的刑獄,絕對難逃出來,堪稱名副其實的人間地獄。

他和魏忠賢關係緊密形同父子,人稱「大兒田爾耕」。又因為和魏廣微結成了兒女親家,所以他在閹黨的地位舉足輕重,很有影響力。凡是宮內外要加入閹黨的人,很多都是靠他給的方便得以進來。

五彪的二號人物是許顯純,河北定興人,略曉文墨,武進士出身,他的父親是駙馬都尉。這麼算來,許顯純還是孝宗皇后的外甥,許顯純先是擔任了錦衣衛指揮僉事,後來拜在魏忠賢的手下,當了義子。歷史評價他性情極端殘暴,殺人冷血不眨眼,在審訊犯人方面勇於下狠手,很多東林黨人就是直接死在他手上。

剩餘其他三人分別是崔應元、孫雲鶴、楊寰。這三個人都

是東廠、錦衣衛的中級官員。負責審訊。

魏忠賢手下有這麼多做事毒辣的人，何憂什麼事情做不成。

再往下就是十孩兒和十狗。十孩兒就是一些善於鑽營，不顧禮義廉恥，善於巴結奉迎的中級官員，主要代表有李魯生和李蕃等。他們兩人本來最開始的時候初依附魏廣微，後來魏廣微勢衰，兩人又轉向改事大學士馮銓，馮銓失寵，又轉身投靠崔呈秀，經過多次投靠，終於攀上了魏忠賢，認賊作父，做了他的乾兒子，當時人們稱他們為「四姓家奴」。

「十狗」就是跑腿的，主要代表人物有周應秋和曹欽程等。其中曹欽程原本是東林黨中的小人物，後來東林大倒其黴，他隨風使舵，反噬東林，又巴結魏忠賢當了乾兒子。因為「恃寵而驕」，甚至遭到了魏忠賢的厭惡。

四十孫則是一些散兵遊勇、地位不高的小官，遇到什麼好處都往上貼。連自己的臉面都不顧，降低身分，自己要求做個魏忠賢的孫子。除了以上這些人，還有很多文臣也加入了閹黨，明朝的歷史記載此事：自內閣六部以及四方總督巡撫，編置死黨。說明魏忠賢的觸角已經遍布大明的江山。

魏忠賢作為閹黨的頂層，在天啟年間，不斷為閹黨招兵買馬，將自己的人手力量分層設級，以便指揮。這也使得他在面對眾多東林大臣的時候勇於採取行動，直接追擊，使得東林黨損兵折將。

在後來崇禎清算閹黨的人士中,有兩百多人被定為逆案人員,除了文臣武將之外,還有太監、文官、勳臣等等。在194名文官中,有多達156人是進士出身,這麼多人為閹黨效力,讓人震驚不已。

有這一幫人為虎作倀,所使用的手段,自然比其他人來得更陰險。

明朝的宦官專權很厲害,在之前已經有了王振和劉瑾開了先例,並且結局悲慘,按理說,跟在閹黨後面弄權,這些知識分子不可能不知道事情的危害性,可是他們為什麼要一窩蜂似的投靠閹黨?

說到底是根本利益在作祟,為了謀求升官發財,官有多大,權力有多大,就可以為所欲為,實現不可告人的目的。因此他們自然為正直的東林黨人所不容。

早在泰昌皇帝時期,他們就有了摩擦。到天啟年間,魏閹和東林黨兩派的矛盾已經白熱化,唇槍舌劍,雙方已經較上勁。

開刀楊漣

魏忠賢首先打擊的東林黨人是在移宮案中使絆子的楊漣。

那時候,魏忠賢地位還不夠穩固,因此對楊漣同樣只有下暗招。

作為明末歷史上深明大義、不畏強權的忠臣楊漣,同時也是知識分子的標竿。和閹黨勢力堅決鬥爭。楊漣,湖北廣水人,萬曆三十五年(西元 1607 年),楊漣登進士第。曾經在常熟擔任過知縣,任職期間,不辭辛勞,為全面摸清當地民情,他常常青衫布履,深入田間、民舍,微服察訪,遍知閭里利病,深受百姓擁戴。在官員的考核中「舉廉吏第一」,因為為政清廉,素有美名,得以升為戶科給事中(負責監察財政系統的官員),不久又改為兵科右給事中。做的工作還是做監察,大約是吏部看他為人光明磊落、正直忠誠。

萬曆四十八年(西元 1620 年),萬曆皇帝朱翊鈞病重,鄭貴妃與外朝的官吏多有勾結,離間神宗與太子朱常洛(明光宗)的骨肉之情,她想藉此機會升為皇后,群臣中楊漣識破了鄭貴妃的奸計,挺身而出,讓朱常洛一直守候在父親身旁,保證了帝王權力移交的順利,使得鄭貴妃奸計沒有得逞,明光宗繼位不

久，鄭貴妃又心生一計，讓明光宗升她為太后，楊漣上疏堅決反對。

一個月後，明光宗病重駕崩，在臨終之前，因為楊漣做事可靠，所以特地破例讓楊漣當上了顧命大臣。評論他是「此真忠君」。

光宗死後，他的寵妃李選侍想要效仿當年的鄭貴妃，要求封后。準備將朱常洛的長子朱由校藏起來，「挾皇長子自重」。占據乾清宮不肯搬離，還是楊漣挺身而出，推開在門口戒嚴，手持木棍的太監們，帶領群臣進宮哭臨。然後又和王安等諸位大臣一道，從李選侍手中搶出皇太子，帶到文華殿，口呼萬歲，擁護皇太子登基。朱由校即帝位之後，他又堅決抵制李選侍，多次要求她搬離乾清宮，在他的堅持努力下，李選侍才從宮中搬出，不情願地搬入仁壽殿。

楊漣是一個把明朝放在心上的人，他的存在保證了明朝政局的穩定。在重要的節骨點上，楊漣不顧個人的安危，出力甚多，影響了時局的變化，其正直的人格和一片忠心得到了朝廷大臣的欽佩，連明熹宗都很感激他，赤誠之心，可昭日月。

當時，魏忠賢因為幫李選侍做事，被楊漣諷刺，在泰昌元年（西元 1620 年），有大臣上疏聲討魏忠賢的過錯，楊漣站出來揭發他的罪過。魏忠賢那時候和外廷交集不多，楊漣就成為他恨得牙牙癢的頭號敵人。在和客氏結成對食後，他就尋找機會收拾楊漣，只是因為時機不對才一拖再拖。

很快就找到機會了，泰昌元年（西元1620年）十二月二十四號，李選侍才移宮不久的住處發生火災，魏忠賢和一幫宦官便放出謠言，說是因為朝廷對李選侍太差，她已經選擇上吊自盡，選侍的女兒皇八妹也跳井自殺了。

一些大臣聽到謠言信以為真，宮中人心惶惶。御史賈繼春寫了一封上疏，陳述李選侍所受的委屈，要求予以正名。

楊漣連忙上疏劈謠，他對謠言中出現的疑點進行闡述，當時天啟皇帝也站出來說明情況，並指出李選侍的所作所為狠毒，欺負自己生母的帳還沒有算上，已經是對她們法外開恩了。天啟表揚了楊漣的上疏，稱讚他是對國家有功勞的忠臣。

賈繼春上疏被打臉，不服氣，馬上又誣告楊漣勾結王安，說他一直都想占有內閣首輔的位置。並處心積慮地利用手段想把方從哲從首輔位置趕下來。

雙方的爭論此時不分勝負，關鍵時刻，楊漣文人精神的固執又跑出來了，他說既然你說我自己想當首輔，那我直接辭職，以此來表明心跡。這是歷代文人都愛玩的一套自殘明志，但東林黨人是最果斷的，這樣滅自己實力、長他人威風的不明智手段，在以後的鬥爭中讓東林黨人吃了很多虧。

楊漣向皇帝上疏請求辭職，證明自己的清白。

遞交了上疏以後，楊漣就坐在一邊等通知。

按照常理說，這種子虛烏有的事情，只要善於思考一下，

很容易得出結論，一個臣子用辭職來表明態度，言外之意就是想說，你看，我是被冤枉的，皇帝說點好話稍微挽留一下這件事就解決了。

天啟皇帝收到上疏以後，認為楊漣確實不能走，走了的話對朝政也有影響，畢竟這個臣子做事認真，深得人心。楊漣此時正在家裡等通知，天啟皇帝摸不準到底怎麼處理。於是就去徵詢了魏忠賢的意見，在聽說楊漣遞交了辭職的上疏後，魏忠賢很高興，以他現在的本事，對楊漣根本無可奈何，特別是楊漣帶領眾位大臣直接彈劾他「盜寶」的事情。差點弄得他下不了臺，十一月，自己又差一點被王安處理，而現在只要順勢輕輕一推就可以把他趕走，何樂而不為？

為了保證事情成功，他去找了自己的相好客氏，把情況向她說了一遍，客氏說這件事好辦，只需要請天啟吃一頓飯，和皇帝說說話就可以解決了。

於是客氏命人精心準備了一桌酒菜，邀請了天啟皇帝前來參加，有好吃好玩的，天啟得到消息後馬上趕來。美味佳餚、好酒好肉招待，幾人吃得很開心，客氏一邊陪天啟吃飯，一邊問他最近朝廷的情況，閒聊話題就扯到楊漣這件事上來了，客氏說：「楊漣大人名聲在外，我早就聽說，為朝廷的事情費盡了許多心思，分外辛苦。現在他年事已高想辭職，陛下就應該體恤他的不容易，讓他回去好好休養。只有這樣，才稱得上是君子楷模。」

天啟皇帝聽客氏這麼一講，覺得有道理，沒有用腦子多想就同意了：「那就讓楊漣回去。」

十二月分，楊漣等來了讓他詫異的結果，皇帝下詔讓他回去休養，事已至此，他沒有辦法選擇，只好直接回去了。

楊漣這麼一走，猶如在朝廷裡面扔了一顆炸彈，作為明朝的有功之臣，在維護明朝的國體上面可以說是盡心盡力，並且還是先帝欽定的顧命大臣，這一次居然被皇帝同意辭職，讓東林黨大臣覺得很困惑。

針對此事，有東林大臣立即上疏挽留，正月十一，擔任御史的馬逢皋首先上疏皇帝，他在上疏中質問朝廷：「楊漣何罪，無罪即功。功在安社稷，罪在功大。楊漣辭職只是在證明自己的氣節。為什麼不將他召回？」

馬逢皋分析得有理有據，這個時候天啟皇帝有點清醒了，意識到這樣確實不對，正在想怎麼辦，魏忠賢拿到奏疏的消息後，決定分散皇帝的注意力，帶他去玩耍，他告訴天啟皇帝：「這幾天天氣冷，皇宮西苑的冰塊牢固，去玩滑冰的遊戲最好不過。」

滑冰和現在的溜冰不一樣，是天啟皇帝自己動手發明類似於雪橇的東西，用木床做成，前面人拉，後面就坐在木車上，藉助慣性，可以在冰上滑得很快。

滑冰確實刺激，可是手上的奏疏怎麼辦，天啟顯然有些不

好意思直接放開玩。他問魏忠賢：「御史大人馬逢皋建議我把楊漣大人召回來，你看我怎麼回覆他最好？」

魏忠賢說：「陛下，馬大人這麼做純粹就是是想要保護楊大人，你讓楊大人回去休養身體也是一片好意，又沒有怎麼為難他。這根本不算過錯，所以你用不著如此糾結此事。」

天啟一聽，對啊，我讓他回去休養也是為他好啊。明實錄原話是「朕知楊漣忠直，暫準病告。」意思表明：不是我要罷免楊漣，而是準楊漣休病假，怎麼能怪罪到他身上！

哪知道，時間到二月分，御史高弘圖又上言，就楊漣的事情發表自己的看法，指正天啟的做法。天啟皇帝很生氣，一件小事反覆來，煩不煩啊？直接下詔訓斥高弘圖的上疏，說他是「搖惑視聽、背公植私」，要革去高弘圖的官職。

處罰決定一下來，東林大臣紛紛補救，內閣臣子們也覺得有些過重。趕緊上疏向皇帝建議，天啟退了一步，將其改為罰俸二年了事。

楊漣被趕走後，魏忠賢喜不自勝，沒想到最難對付的敵人，沒費多少力氣，就這麼走了，像是做夢一樣。楊大人走的當天，他和客氏喝酒慶祝，喜悅之情溢於言表。

作為東林黨人的領袖都這麼輕易攆走，看來，做事情只要用對方法，效果還是很明顯，魏忠賢經過這件事的洗禮後，一下子頓悟了。

楊漣回去之後，閒住在老家，對他本人而言，這次離開其實算不上多大的損失，他在明朝內外口碑一直很好，地位也高，就連天啟皇帝對他的看法也很不錯，一年多後，移宮案已經基本處理完畢。天啟皇帝這個時候想起了楊漣，下詔，召他回京任職禮科都給事中，後來又升為太常寺少卿，天啟三年（西元1623年）擔任左僉都御史。隨後又官升一級，擔任主管監察的左副都御史。

楊漣賦閒一年多的時間裡，魏忠賢在朝中變本加厲，不斷籠絡人馬擴大自己的勢力。楊漣離開朝廷的時間，魏忠賢使用手段扳倒了內廷的王安。

如果楊漣在朝中，以他的個性，肯定不會對陷害王安的事情坐視不管，而是會出手相救。那樣魏忠賢也不會在明朝肆意妄為。但這是假設，實際上在楊漣賦閒的時間，東林黨人一直在忙著和其他小黨派的大臣玩鬥爭遊戲，也都沒有意識到魏忠賢勢力的在悄然崛起。

等到王安死掉的消息傳來，楊漣還有些不敢相信自己的耳朵。回到朝廷之後，他發現宮廷中的局面已經發生改變，東林黨雖然照舊影響朝政，但客氏和魏忠賢的力量卻在增長，天啟皇帝一如既往還是貪玩。

東林黨大臣因為在萬曆末年遭到壓制，這個時候朝中就有人提議，要求整治邪黨（明朝內部齊黨、楚黨派，這些小黨是明朝末年官僚機構中，一批官吏士紳以地方故鄉和師生關係為基

礎組裝的政治勢力聯盟，黨派都以鄉里命名。）出一口氣。

他們做的第一件事情，就是把明朝的老三案翻出來找碴。

禮部尚書孫慎行直接上疏天啟皇帝，陳述方從哲的罪過，認為是方從哲是殺害光宗的幫凶，要追究責任。這個上疏太嚇人了。孫慎行是一名很有想法的官員，但這觀點未免有失公允。他除了將光宗死亡的原因扣在方從哲頭上外，還說方從哲在接替葉向高的職位之後，因為自己怠忽職守，才導致明朝不斷潰敗，遼東陷於危機。因此方從哲有不可饒恕的罪過。

其實這個說法經不起推敲，畢竟戰爭的成敗是與最高統帥有關係的。方從哲如果有罪，最多也只能算做他沒有有效作為，後面的說法更是凌空蹈虛，方從哲真沒有主見的話，也不會在這個職位做了足足六年，畢竟萬曆皇帝多年不理朝政。

孫慎行的上疏送到天啟皇帝那裡，天啟按照老規矩，讓朝臣商量討論解決的辦法，結果，辦法沒有談成，雙方已經劍拔弩張，爭得不可開交。東林大臣對孫慎行的做法予以支持，而方從哲的人馬也不甘示弱，逐條反駁東林大臣提出的說辭，兩邊吵得厲害，就給了魏忠賢勢力擴張以可乘之機。

方從哲在泰昌元年的時候，迫於朝廷的輿論壓力就主動提出過乞休。這說明他是一個很有自知之明、遵守禮義廉恥的官員。

朱由校是明光宗的親生兒子，對父親的病狀和死因，肯定也比孫慎行更加清楚。天啟皇帝看了這個奏疏，提出了自己的看法：「舊輔素忠慎，可灼進藥本先帝意。卿言雖忠愛，事屬傳

聞。」清楚指出孫慎行說的並不屬實。

孫慎行死咬方從哲，有人認為這是後來朝廷局勢失控的原因之一。

除了孫慎行做事情鑽死腦筋之外，還有另外一個人也這樣，那就是東林骨幹大臣之一趙南星，趙南星在萬曆二十一年（西元1593年）擔任吏部考功郎中，這個職位主要是對官員進行功過善惡之的考核，並詳加簿錄。

趙南星做事情一向嚴謹認真，認真得讓人有些不寒而慄，在負責京官考察的時候，有蜘蛛在他身邊攀爬結網都沒有察覺。此人做事果斷負責，對於不合格的官員，則是毫不留情直接上報，沒有任何遮掩，連當時內閣大臣趙志皋的弟弟，和趙南星有姻親關係的王三餘，因為考核不過關，同樣被免掉職務，趙南星做事情的公正投入在朝廷出了名。這一次，他翻出陳年舊事，指出浙楚齊黨因為結黨亂政的危害，上疏天啟，要求處理。

從另一方面也印證了他的固執和拘泥。

天啟年間，明朝的人事變化很大，東林黨人雖然在朝廷上人數眾多，並且善於吸納朝臣，表面上看，不斷有人加入東林黨。團隊規模一再擴大，但與之形成鮮明對比的是，東林黨一些具有舉足輕重分量的領袖卻被魏忠賢使用手段，分割處理掉了。

繼續較量

　　天啟六年，葉向高再次被用，雖然此時內閣的組成人員幾乎都是清一色的東林黨人：葉向高、劉一燝、韓爌、何宗彥、朱國祚、孫如游。表明了東林黨在朝廷中的地位。

　　但這樣的情況一個月之後就被打破，內閣進來了一位新成員——沈㴶，沈㴶依附方從哲勢力，最早曾經在內書堂為太監們上過課，如此算來，魏忠賢也算是他的學生，對於這一點，很多人持懷疑的態度，魏忠賢本來就不通文墨，怎麼可能聽得懂課，無論聽不聽的懂，但他和魏忠賢認識很久了。彼此都熟悉這倒是事實。

　　沈㴶後來在魏忠賢得勢以後投靠了他這位「學生」，成為閹黨的忠實骨幹。

　　除了這件事之外，沈㴶在南京任職禮部侍郎曾經驅逐本地的天主教徒，主要的原因是他一直信仰佛教，在南京的僧人出於利益考慮，也拿出一萬兩銀子助其剷除，遭受驅逐讓西方傳教士受到了沉重打擊，使得西學傳入的進展一度被阻。

　　沈㴶能夠加入內閣不完全是魏忠賢的原因，在萬曆年間，因為能力出眾，就被幾派人員相繼提名。只不過運氣不佳，還

沒有到任，萬曆皇帝就駕崩了。等到真入閣的時候，時間已經是天啟年間了。

就這樣，東林黨人把持的內閣就多了一個沈㴶。

沈㴶的到來開始了東林黨人不幸的征途。他和魏忠賢本來就認識，魏忠賢掌權後，他馬上投靠，積極支持他在皇宮開「內操」。軍隊在皇宮裡操練娛樂皇帝，但凡有點覺悟的大臣都不會贊成，一萬多人的部隊進入皇宮，如果要政變，輕而易舉。這個不是鬧著玩的，太危險了。

意識到這個問題後，東林大臣多人聲討沈㴶是「肘腋之賊」，膽大的東林大臣刑部尚書王紀直接將其比作是遺臭萬年的大奸臣「蔡京」。

刑部內部也有人選邊站隊，供職於刑部主事的徐大化，審時度勢，選擇倒向魏忠賢，積極為閹黨出謀劃策，因為文筆不錯，因此經常代寫一些文章攻擊正直大臣，還為沈㴶鼓譟，王紀尚書見自己的下屬如此卑劣，很是痛恨，直接上疏彈劾徐大化的過錯，他在奏疏中質問：「大化誠為朝廷擊賊，則大臣中有交結權黨，誅鋤正士，如宋蔡京者，何不登彈文，而與正人日尋水火。」

王紀在天啟心中的印象不錯，加上言辭激烈，所以不久之後，徐大化就被罷免。御史楊維垣和徐大化的關係不錯，平時經常交流，見徐大化被處理，很是不滿，公開挑釁王紀：「言紀所劾大臣無主名，請令指實。」

他本以為王紀不敢點名道姓的說出來，這樣便可以讓他理

辭曲窮。但王紀不是一個軟弱的人，馬上點出，自己所說的大臣，就是內閣大學士沈㴶。說他和蔡京一樣都是：「賄交婦寺，竊弄威權，中旨頻傳而上不悟，朝柄陰握而下不知，此又京迷國罔上，百世合符者。」出自《明史》列傳第一百二十九。

這下捅了馬蜂窩，王紀尚書把沈㴶的名字直接說了出來，相當於是直接掃了客氏和魏忠賢的面子，婦寺明眼人一下子就看出來了，這女人和宦官不就是指客氏和魏忠賢嗎？

魏忠賢和客氏聽到有人說自己的壞話，意識到不妙，商量到天啟那裡去打悲情牌，他們先是在天啟面前哭訴了一陣，然後陳述自己的冤屈。天啟皇帝對勝似親人的他們給予了安撫。

在天啟皇帝看來，雖然沈㴶和客氏魏忠賢與這件事有一定關係，王紀也不該直接指出，玷汙他們的名譽，針對魏忠賢的哭訴，天啟皇帝表示自己會幫著申斥。然後讓他們回去好好休息，等待消息便是。

兩人見反應的問題達到了效果，就告退回去了。

沈㴶作為內閣的朝臣，讓魏忠賢有了控制內閣的想法，沈㴶幫自己做事，那麼自己就有了耳目，只是耳目數量不多，還不能形成壓倒性優勢，只要在內閣中自己人多，就可以絕對掌控了。

沈㴶進入內閣之前，內閣還有一位離開的東林忠臣，這個人就是孫如游。他是浙江人，字景文，號鑑湖，都御史孫燧曾孫，為萬曆二十三年（西元1595年）的進士，累官至禮部右侍郎，明光宗即帝位後，因為抵制鄭貴妃的陰謀出力甚多，得以

升任禮部尚書。在移宮案中,他和其他朝臣一起反對李選侍久住乾清宮,言辭激烈,因此被魏忠賢所嫉恨,楊漣離開以後,他就成了魏忠賢的眼中釘。

明熹宗即位,命其以東閣大學士入閣,參預機務。

孫如游這個人本身沒有任何問題,各方面都很優秀,魏忠賢盯了他很久都沒有發現毛病,打算從他進入內閣的流程紕漏上下手,他是由天啟皇帝直接下命入閣。沒有經過會推(官員參與評議)的流程直接進來的。於是魏忠賢組織親信心腹,上奏朝廷聲討,稱孫如游入閣不合理,要求他直接離開。

內閣的準入問題,在很早之前,就有皇帝直接任命過,並不能說一點都不合理,只要官員負責,人品端正,也沒有什麼問題。

不抓這個,就沒問題可以抓了,所以在授意之下,幾人死死咬住這個不合制度不放,東林大臣在這種情況下,按理都應該站出來說話支持,但遺憾的是,他們做事不夠齊心。在涉及到這個制度合理與否的問題上,居然還有東林大臣站出來反對孫如游,陳述孫如游的入閣存在的問題,這個人還不是別人,而是在移宮案中做了很大貢獻的左光斗。他說:「數月以來,中旨之爭頻見章奏。開中旨者,自用如游始。則塞中旨者,亦必自罷如游。始如游去,而天下曉然。知不得以私意用一人,不得不以公議去一人,偉端不啟,而公道旁昭矣。」出自《明熹宗實錄》

朝中大臣說閒話,孫如游知道無論怎麼解釋都沒有用,他

自己也不願意受閹黨黑白顛倒的詰問，於是上疏申請辭職，天啟皇帝對於他的上疏提出了疑問，問他為何又無事生非？意思是怎麼到你這裡，就有問題了。

因為孫如游的事情朝廷爭論得厲害，天啟圖個耳根清靜，就順了他的意見，將孫如游免職了，讓他好好回家休養。

孫如游一走，矛盾都指向就轉到另一個人頭上，這人就是東林大臣劉一燝。因為沈㴶支持軍隊在皇宮開內操，遭到大臣反對彈劾，弄得他頭大，又因為方從哲和葉向高空缺的一段時間裡，只有劉一燝威望和地位最高，算得上是接替首輔的不二人選，因此沈㴶懷疑是劉一燝在背後下手針對他。便鼓動自己人孫杰上疏皇帝指控劉一燝的問題。

劉一燝躺著中槍，沈㴶懷疑他完全是冤枉了他，他一直小心翼翼的做事，和朝廷的言官一直保持著距離，對言官的態度也是冷冰冰的，這些會說的言官大臣對他都沒有好臉色看，怎麼可能幫他弄沈㴶。

明末朝廷的政治風氣就是這樣，善於捕風捉影，因為懷疑，就可以把人家定為壞人。抱著寧可錯怪一個也不放過一個的原則，下狠手整人，這也是古代官僚常見的弊病之一。

此外要找劉一燝的麻煩，還有兩個原因，第一個原因是在明光宗元年的九月分，劉一燝曾經對天啟上奏講明，驅逐客氏的必要性，這遭到魏忠賢的痛恨，自然被定在處理名單之內。第二個原因是在皇宮盜寶案發生後（魏忠賢主謀），劉一燝堅決

要求朝廷嚴懲犯罪分子,並且對魏忠賢因修建萬曆皇陵有功勞給予賞賜蔭封表示反對。

找我不痛快,我肯定也要找你麻煩。在魏忠賢的安排,上疏要求處理劉一燝的大臣一撥接一撥。

劉一燝在宮廷裡參與護衛自己登基的事情令天啟留下很深的印象,他對劉一燝還很有好感,所以在御史劉重慶上疏彈劾劉一燝的時候,天啟維護了劉一燝,嚴肅指責劉重慶的上疏,並貶官處理。

劉一燝為江西南昌人,字季晦,出身官宦之家,其父劉日材為嘉靖三十二年(西元1553年)進士,官至陝西左布政使。家庭條件優越,劉一燝在萬曆二十三年(西元1595年)中進士,明光宗時期入閣,因為工作能力突出,在西元1622年的時候已經是顧命大臣,擔任戶部尚書。

哪知道劉一燝這個位置還沒有當多久,才一年多的時間,就有人來彈劾他了,除了劉重慶、霍維華彈劾他以外,還有名聲交好的大臣震暘、陳九疇這些人都說他的不是,如果說魏閹的人跳出來指責他的過錯還可以理解,那麼自己人來說他的壞話,這就讓他很難堪了。

上疏彈劾的大臣說他勾結宦官,這讓他很鬱悶,名譽是大臣的面子,如果被冠上就很難洗脫,還會在歷史上留下罵名,為了證明自己的清白,他不得不連續上了幾道奏疏解釋,並要求辭職。

這正是魏忠賢求之不得的。馬上矯詔聖旨，將劉一燝罷免削籍。

劉一燝如果走了，那麼東林大臣勢必會少一個中流砥柱。這個時候，只有一個人可以勸天啟皇帝手下留情，將劉一璟留下來。那就是才回到內閣不久，地位重要的葉向高大人。

但葉向高本身就對劉一璟看法就不好，主要原因在於，方從哲離開內閣之後，按照順序，應該劉一燝來擔任首輔，但他把這個位置讓給了葉向高。

本來他是一片好意，但在葉向高這裡，他就不這麼認為了。葉向高的看法是受到了門生的影響，有兩位葉向高的門生在很早之前投靠了閹黨，直接在恩師葉向高面前說劉一璟的壞話，說劉一璟對葉向高一直有不好的看法，這次是逼不得已才讓出職位，他最痛恨葉向高了，幾個門生這麼一說，葉向高就信以為真了。

對劉一燝就見死不救，坐以待斃，沒有採取任何挽救的措施。

老師糊塗了，學生可不糊塗，葉向高還有一個門生，將此事看得很透澈，這個人叫繆昌期，他對老師說：「劉一璟是一個人才，對國家有益，葉老師，你怎麼能不管他。」

葉老師很不情願地推託說：「皇上下的旨意，我難道不聽？」

繆昌期說：「如果老師願意出手，那麼這件事就可以圓滿解決，也能打擊閹黨的氣焰，真的不管的話，忠良大臣離開以後，

又有什麼辦法來收場？」

繆昌期分析得有理，終於讓葉向高動了心，起身找天啟皇帝說了情，天啟皇帝對他的說情表示了尊重，說願意下旨挽留。

但劉一璟在這一次被彈劾的事情中絕望了，直接連續上了十幾次奏疏要求回去，天啟皇帝沒辦法，只得批准他的離開。

劉一璟的離開，天啟時代的政局變化又加快了一步。

作為地位顯赫的顧命大臣劉一璟。他在朝廷中一向頗有威望，魏忠賢沒想到這麼幾次一來就把這個重要的人物弄走了，更加堅定想要插手控制內閣。

沈淮因為在朝廷中被刑部尚書王紀點名，丟了面子，心中不爽，直接將他牽連進了熊廷弼的遼東經略的案子中，導致王紀被削籍罷免處理。

劉一璟走後，葉向高冷靜下來，才覺得劉大人確實吃了很大的冤枉，同情心下，他對天啟皇帝說，沈淮和王紀兩個人都有責任，如果只處理王紀，公眾會有意見。言外之意就是沈淮也需要處理。

葉向高的話很有分量，擔任內閣大臣的朱國祚也認為自己不能和沈淮這樣的人同流合汙，要求離開。其他臣子也先後上疏說明看法，皇帝為了平息眾怒，就在當年七月罷免沈淮。

沈淮回到家鄉後，有些鬱悶，待了一年多就因病去世了。他在天啟年間死了也不算壞事，免去了遭受崇禎登臺後的清算。

持續進逼

在劉一璟被逼離開的時候，吏部尚書周嘉謨也被魏閹用手段逼走了。其中的導火線，就是魏忠賢的親信太監霍維華的晉升之事被阻攔。

魏忠賢當權之後，就迫不及待地為自己的追隨者封官進爵。這和周嘉謨起了衝突。

獎賞的第一個就是把王安打倒在地，出力甚多的親信太監霍維華，據說霍維華在前期擔任吳江縣令的時候，還是一個頗有作為的官員，很會為百姓做事，上任之後勵精圖治，減輕了當地百姓的負擔，在當地很有口碑。後來接觸魏忠賢以後人就變壞了。

萬曆四十六年（西元 1618 年），霍維華入朝述職，被留在京城。天啟元年（西元 1621 年），朝廷授予他擔任兵科給事中。到六月的時候，原來執掌司禮監印的太監王安因為身體抱恙住在宮外，正等待候旨回宮。大太監魏忠賢之前本來是透過王安進宮的，後來羽翼漸豐打算自立門戶，和王安起了衝突，於是心一狠，要做掉王安。

因為在迫害王安的過程中，霍維華出力最多，因此魏忠賢想提拔霍擔任官職，而時任吏部尚書兼大學士劉一燝和周嘉謨對霍

維華的為人深惡痛絕,便利用吏部每年的例行調動安排,將他調往陝西任僉事。

調往外地,這明擺著就是不給面子,霍維華於是找到魏忠賢,提出自己的看法,認為肯定是吏部尚書周嘉謨、內閣大臣劉一璟在搞鬼。

他猜得沒錯,周嘉謨這個人是眼裡容不得沙子的人,對於霍維華這樣的人,他早有耳聞,一向討厭。

周嘉謨對霍維華的偏遠調動讓魏忠賢很生氣,你給我的人這麼一個職位,明擺著是要拆我魏忠賢的臺,人員往外調不是相當於把人踢開嗎?一點都不顧及我魏公公的老臉,這怎麼能嚥得下這口氣。於是暗中指示給事中孫杰,上奏摺彈劾周嘉謨,誣告他是替前任司禮監秉筆王安翻案。

孫杰的上疏送到天啟那裡後,天啟皇帝並沒有提出異議,那就表明皇帝相信了,周嘉謨覺得自己很委屈,於是提出辭呈,魏忠賢收到後,採取老辦法,在西元 1625 年的冬天,矯詔罷免了周嘉謨的官職。

周嘉謨被罷免,他抵抗魏忠賢的勇氣和態度可嘉,其手段不夠高明,畢竟在朝廷混,要做到打擊敵人的同時還要學會如何保護自己,霍維華一個小太監被他調離,結果自己也搭了進去,無論怎麼看這都是不划算的,倒不如採取明升暗降的策略,封給霍維華一個品高的閒職。對魏忠賢這樣的小人,應付了事一下就過去了,這樣也不會傷到自己。

但是很可惜，文人的固執精神害了他。

吏部的一把手被攆走了，最高興的還是魏忠賢他們。

此時，他主導的閹黨人員不斷壯大，一些重要的人物紛紛加入，和東林黨相比，他的人馬才更像是一個頗具規模的黨派。

和東林黨相比，閹黨似乎更具有執行力，所有大小的事情，只要涉及到行動，都是在魏忠賢和客氏的授意下展開，對即將做的事情，他們都會商量、分析、權衡利弊後再採取行動。

加上閹黨本身沒有什麼人生信條和道德操守，因此使起手段來就可以隨心所欲，毫不顧忌禮義廉恥，怎麼有效怎麼用。以消滅對方為原則，戰術相當靈活，對於恪守原則的東林大臣來說，無疑很有殺傷力。

而東林黨人人數雖然不少，但很難有比較整齊劃一的行為，在遇到危險的時候，都是各自匆忙上陣，缺乏有效的溝通，彼此單獨作戰，加上東林黨人素來以精神的操守和作風正派來嚴格要求自己，這使得同一戰線的夥伴在遇到困境時不能放下面子互救。甚至在一些問題上出現一些匪夷所思的傷害自己人的現象，比如上文提到的左光斗對孫如游的事件。

而身為東林黨領袖的葉向高，缺乏長遠的策略眼光，做事情缺少富有成效的手段，每次遇到事情，總是採取調停的緩解策略，致使東林黨遇到事情總是顯得很被動。由於自己在移宮案中採取的中立策略，因此在天啟的心裡也沒多少分量。皇帝不看好，他做起事來就畏首畏尾、猶豫不決。

朝廷裡打政治仗，打的都是沒有硝煙的戰爭，幾派勢力角逐，每一個權力集團都有自己的代言人，東林黨人因為人數眾多，在朝廷上顯得陣勢很大，似乎招惹不起，但這種表面的現象卻和實際的抵抗能力有所出入，主要展現在以下幾個方面。

第一個是東林黨做事情過度講原則，儒家的洗禮之下，大部分東林黨人做事情都有自己的行為準則，他們誠然是一群有理想、有抱負、有追求的官員，並且嚴格規範自己的行為，這屬於優點。但要在政治官場裡面混，這個就明顯不夠了。政治鬥爭是很殘酷的，並不僅僅停留在表面上的那種觥籌交錯、把酒言歡。而是有著更深層次的東西。東林黨人雖然在後來對事情有了深刻的理解，卻很少有保護自己和進攻對方的方法。

對於魏忠賢爪牙勢力的興風作浪、流氓式的戰法，東林黨人一邊對此痛恨，不屑一顧，卻又無可奈何。

第二個是東林黨人對當前的政治鬥爭認知不足，作為一個典型的儒家思想凝聚的文人集團，對政治的轉變都抱有不切實際、近乎烏托邦式的幻想，在遇到野蠻粗暴的行為時，不能意識到鬥爭的殘酷性。

鬥爭一旦到了白熱化階段，他們總是把希望寄託在當今的皇帝身上，期待他能是非分明地做出正確決策，遇到事情的東林黨人採取的常態策略就是向皇帝上疏，陳述對手的過錯，這就好比打架打輸了，找人評理一樣，很容易吃虧。

皇帝判斷一個事情的對錯跟自身的認知和周圍的環境息息

相關,要達到東林黨人所認為的效果,必須要有幾個必須條件,其一就是皇帝的確是一個賢明、耳聰目明的好皇帝,能夠明辨是非、明察秋毫。第二個方面就是朝廷所有的輿論都指向對方,達到不處理就難以服眾。只有這兩樣齊備才能完成,而事實上,天啟年間,這兩個條件根本就達不到。

明朝的天啟皇帝朱由校很特別,是一位非常喜歡木匠工藝的皇帝,每天都用很多時間在木工製作上,他其實不傻,只是所有的精力都用在了自己摯愛的藝術上了,根本對政事沒有興趣。如果不是當了皇帝,那麼朱由校會成為一個很好的藝術家。在當時的政治環境中,東林黨的對手魏忠賢已經不是一個人在戰鬥,他的身後已經網羅起一批人馬,想要左右整個朝廷的政治輿論,明顯不現實。

此外,我們不應該忽視重要的一點就是,魏忠賢掌控司禮監,所有上疏的奏摺和下發的聖旨都必須要經過司禮監這關,因此,東林黨人只要有上疏的行動,他馬上就能採取矯詔處理等各種手段應對。

所以,回過頭來,東林黨人死抓著上疏這一策略,基本上是白費力,因此失敗也就是必然的。對於失敗,流氓放得很開,但讀書人未必看得開,因為知識分子清高,特別看重事情的成敗。因此,一旦失敗,其態度也更為激進,只要自己費盡心血的措施達不到,他們就會採取離職的方式來表達自己的不滿,這實際上是一種意氣用事,不僅削弱了自己的力量,還會讓皇帝心

中不爽,動不動就以辭職為要挾,說白了就是讓親者痛仇者快的事情。

　　文人集團的性格就是這樣,做事情都自視甚高,對自己充滿了自以為是的認知,一旦遇到人品不端的官員或者人員,他們會不屑一顧,並對其行徑感到恥辱和排擠,這種做法在鬥爭的時候尤其不可取,主要在於,人本來就是一個複雜的動物,很難用好或者壞來形容。朝廷的官員也是如此,都有趨吉避凶的本性。在當時的政治風氣下,貪汙腐化已經成為一種普遍的現象,而東林黨人在這種風氣之下,仍然以很高的道德標準來要求別人,這本身就是不現實,也等於自絕後路,無形中樹敵。因為有一些官員,雖然有各式各樣的問題,但對於他們自身來說,還是有著比較正確的政治認知,這些人如果做好了事情,往往就是治國的棟梁之才,如果壞了,則就成了誤國的卑鄙之徒。善與惡界限沒有那麼絕對,如果東林黨人不是抱著這樣的態度來看待這樣一批中間力量的話,那麼爭取過來為他們所用,確實可以產生四兩撥千斤的作用。

　　但事實卻是,東林黨人對犯了一點問題的官員採取零容忍的態度,對之嗤之以鼻,並拒人千里之外,這樣的做法的後果就是把很多原本可以爭取的力量,在無形當中推到了魏忠賢的陣營裡面去。使得魏忠賢的閹黨力量更為強大。

　　我們熟知的一個人物,比如早些年,因為仕途不如意投奔魏忠賢的官員魏廣微,他自己知道所投奔的人絕非善人,自己算是

有了人生汙點，畢竟在外面肯定有大臣會指指點點，但是在一開始，他並沒有和東林黨人作對，甚至在內心深處，他還有過投奔東林黨人的想法。做任何事情都竭力維持和東林黨人比較好的關係，幾次都主動和東林黨人靠近，但東林黨人不買帳，不僅直接拒絕見面，甚至在接觸之前還大量說他的壞話，用言語辱罵魏廣微。魏廣微心情憂鬱，在這樣的時刻，魏忠賢卻主動找其「談心」，不僅沒有怪罪他私底下回見東林黨人的做法，反而盡力寬慰對方，於是，一來二去，魏廣微便死了心，投靠到魏忠賢門下。

東林黨人對待其他大臣的態度可以說是他們鬥爭落下風的主要原因，畢竟，東林黨人在朝廷最開始的時候，可以說是占據了天時地利與人和，和魏忠賢這樣的人相比，實力強大得多。但他們始終不能妥善調動自己的力量、靈活有度地對待政治分歧，反而還肆意擴大某些細節，抵制排斥前來的人，這不僅產生很大的反作用，還把自己置於非常危險的境地。

增補內閣

　　天啟二年，沈㴶離開以後，魏忠賢在內閣少了一隻耳朵，做事情感覺不方便，於是就打算再安排幾個自己的人進入內閣。他的運氣確實不錯，才想到這個問題，就等來了處理的契機。

　　到十二月分，葉向高向天啟皇帝上疏，要求增補人數擴大內閣。

　　此時的內閣大臣有何宗彥、朱國祚、史繼偕等五人，人數也不算少，可以維持運轉，不知道葉向高大人是出於什麼目的提出這樣的建議，魏忠賢有機會把自己的人馬安排進去了，自然在天啟面前挖空心思陳述增補閣臣的好處。

　　天啟皇帝經過他這麼一鼓動，當即就表示同意，然後下詔，讓相關的大臣做好內閣大臣的推薦工作，擬定一份候選人員的名單給他，他來定奪。

　　魏忠賢馬上開始行動，最大限度地讓自己的人員進入內閣。

　　很快，朝臣的候選名單就出來了，分別是孫慎行、盛以弘、朱國禎、顧秉謙、朱延禧、魏廣微。

　　孫慎行才離開（保留職位）不久，這次在朝臣中得到了最多的票數，足以證明他朝廷中的地位和能力。這樣來看，魏閹提的幾

個人基本上就沒有戲唱了，畢竟皇帝也要尊重民主推薦的意見。

那可不行，魏忠賢馬上到天啟面前洗腦他了。

「一朝天子一朝臣，現在您是皇上，就要用新的方式選舉。」

天啟皇帝從小就和魏忠賢玩在一起，一直很信任這位老僕的話，聽了他的建議後，覺得他說的有理，就依了他的建議，票數最少的幾人當選。

為了怕東林黨人有意見，魏忠賢趕緊把他認為形象還不錯的東林黨人朱國禎也拖進來，這樣就不會有人說閒話了。

葉向高看到這個當選名單，難以置信，入選者和以前的規矩不一樣。他馬上向天啟上疏，要求按照以前的規矩，按照票數的多寡選用內閣大臣。

天啟收到上疏之後沒有任何反應，他的想法大概就是：以前的規矩是以前的，現在是我當皇帝了，我就要這樣選。大臣也沒有辦法，對葉向高的上疏，天啟還做了批示，說不許就這件事再次上奏，否則重處。

內閣的當選者顧秉謙和魏廣微這兩個人都是閹黨的人馬，不僅人品低劣，而且逢迎拍馬，欠缺工作能力。讓這兩人進入內閣，這不是擺明著亂搞嗎？

皇帝的意見，沒有辦法。

內閣裡有自己的心腹之後，魏忠賢準備插手軍隊，於是在天啟三年（西元1623年）三月，找了一個讓皇帝能了解軍情的

藉口，派遣了四十五人，由自己的心腹死黨劉朝帶領白銀、布匹到山海關了解軍情，窺探虛實，圖謀進一步行動。

對於魏忠賢的做法，擔任遼東督師的大學士孫承宗有些擔憂，上疏天啟皇帝指出：「中使（太監）觀兵，自古有戒。」太監帶領幾十人到邊關以「犒勞」為名，將勢必不利將士的守邊行為。

但是天啟卻沒有在意。

也是在三月分，在魏忠賢的活動下，被貶在外地做官的陝西按察司使郭鞏得以回到京城，恢復原職戶科給事中。

回來後，郭鞏急於報答恩情，知曉魏忠賢嫉恨周宗建，於是上疏詆毀熊廷弼，進而詆毀在朝廷中推薦熊廷弼的人（周宗建）。南京御史塗世業也附和郭鞏，詆毀周宗建推薦熊廷弼導致邊防戰敗。周宗建馬上上疏駁，指責他們勾結宦官（魏忠賢），雙方爭吵激烈。

為了除掉周宗建，魏忠賢特地帶了幾個小太監在天啟皇帝面前表演雙簧，演悲情戲，他則在天啟面前抹淚作委屈狀，並對皇帝說，既然朝廷大臣這麼說他，乾脆讓他剃髮出家，好尋得一個清白。

天啟皇帝動了同情之心，於是站在魏忠賢這邊，斥責周宗建的行為，並打算用杖刑。內閣首輔葉向高大人聽說後，連忙找人到天啟皇帝面前說情，才得以倖免。

周宗建被斥責後，又有大臣看不下去，擔任御史的方大任，上疏告發魏忠賢在碧雲寺造豪華陵墓的事情，這件事按要求處理會被處死，但天啟皇帝也置之不理。

東林黨人對魏忠賢的打擊雖然很猛烈，但似乎沒有多大的作用，天啟皇帝的態度好像也變了，經常習慣性地站在魏忠賢一邊為他說話，凡是有大臣點名說魏忠賢的，都要被天啟皇帝怒斥一頓，這說明，天啟皇帝已經完全相信閹黨的話了。

這對東林黨來說，是一個不好的消息。

在天啟三年（西元1623年）的冬天，魏忠賢又晉升了權力，皇帝詔命他提督東廠。這個時候，他的權勢已經達到一人之下，萬人之上。司禮監被其掌控不說，全國最大的特務機構又歸他管理，自己的義子田爾耕在天啟四年掌控錦衣衛，這樣一來，所有的人都處在他的掌心之中，可以隨時逮捕。

勢力擴張

　　錦衣衛是明朝開國皇帝朱元璋為加強中央集權統治,特別命令掌管刑法監獄的人,賦予他們巡查緝捕的權力,下設鎮撫司,從事偵察、逮捕、審問等活動。

　　錦衣衛最早的來源是朱元璋在吳王的時候所設定的拱衛司,洪武二年改為親軍都尉府,負責中前後的軍士,同時也隸屬於儀鑾司,洪武十五年取消府司改稱錦衣衛,錦衣衛的職責在明史裡面有詳細介紹,說他們:凡朝會、巡幸,則具鹵薄儀仗,率大漢將軍共一千五百七員等待扈行,宿衛則分番入直,朝日、夕月、耕藉、視牲,則服飛魚服,佩繡春刀,侍左右。出自《明史‧職官志》,用現在的話來說,就是負責皇帝安全的貼身衛隊。

　　要保護皇帝的安全,就要事先做好調查,因為直屬於皇帝,所以只需要一聲令下,任何人都可以逮捕審訊,無須經過其他機關的手續同意。其首領稱為錦衣衛指揮使,一般由皇帝的親信武將擔任,地位較高,下面還分的有十七個所,設立校官,官名有千百戶、總旗和小旗等,除了侍衛掌鹵薄依仗外,還專司偵查,名曰緹騎。

魏忠賢對明朝特務系統的控制，基本上構築了一個全國性的監視網路。除了皇帝不能監控外，上至朝廷官員，下至黎明百姓，都處在他的監視之下，爪牙遍布各地，便可以迅速掌握輿論動向，做好應對處理。可以隨時羅列罪名，抓獲人員，消除異己。

魏閹黨勢力的迅速擴張，很快便引起了東林黨人的不安，他們知道，一場不可避免的殘酷鬥爭即將開始了，之前的種種交手、摩拳擦掌都是鋪陳和試探，兩股勢力的矛盾已經無法用語言來調和，剩下便只有不是你死，便是我亡的政治鬥爭了。

兩年多來，魏閹在宮中的勢力，越發膨脹。許多正直的大臣遭到貶逐，一些有識之士慘遭閹黨毒手，被害致死的大臣不在少數，一些獻媚、投靠閹黨的大臣則占據高位。

魏廣微等人相繼進入內閣，一些老臣對明朝的現狀感到擔憂。楊漣覺得有必要提醒皇帝注意身邊的亂臣賊子，就寫了一篇〈慎擇近侍以輔元良疏〉，苦心婆心地勸諫天啟皇帝要多注意身邊宦官的品德，他在上疏中言辭懇切的說道：「情以物遷，習與性成，其所漸靡非朝夕之故也，願陛下加意慎擇。使忠直知禮義者周旋左右，而無令猿巧狼戾者得以雜進耳」。

但玩物喪志的天啟皇帝根本就聽不進去，置之不理。

楊漣知道，皇帝是受了閹黨的蠱惑。

他們東林黨人和魏閹已經有了很深的矛盾，早晚都要攤牌鬥爭。現在趁著魏忠賢和皇帝的關係有了一點隔閡，正好需要

抓住時機，快刀出手，他又和幾位東林黨的大臣魏大中、黃尊素等人商議具體意見，大家的意見各執一詞，魏大中和左光斗贊成楊漣的做法，但李應升提出自己的看法，認為楊漣作為朝中重臣、東林黨的絕對主力，不宜輕易出手，萬一出了什麼事情會因小失大，不如讓自己先上疏探探虛實。

李應升之前已經寫過一份關於魏忠賢罪責的奏疏，可惜被他的兄長發現，怕惹出麻煩，就扔進灶爐燒掉了，奏疏沒有了還可以再寫，他打定主意，準備從魏忠賢的個人過失寫起，再逐漸擴大。黃尊素則認為內廷都是魏閹的人馬，彈劾魏忠賢的奏疏恐怕奈何不了魏忠賢，不支持這種做法，繆昌期表示贊同，如果上疏之後沒有打倒閹黨，被倒打一耙就危險了。

楊漣聽了幾位友臣的意見後，還是決定上疏，他認為，如果東林黨人在和閹黨的鬥爭中退縮不抓住機會，錯過了就太可惜了，他實在忍受不了魏忠賢和客氏胡作非為，如果再這樣下去，那就會重複前代王振的禍害。於是心一橫，立刻寫了一篇〈劾忠賢疏〉，列數魏忠賢犯的二十四條大罪，說他是：初猶謬為小忠小信以幸恩，繼乃敢為大奸大惡以亂政。從魏忠賢進宮之初的種種作為，一直說到目前在朝廷內外所施的卑鄙手腕，完全將魏忠賢的罪行翻了一個史無前例的底朝天。

奏疏寫好之後，楊漣本想著在六月一日早上就呈遞給天啟皇帝，可不湊巧的是，皇帝在這天傳旨朝中大臣，免去早朝。自己寫的奏疏拿在手裡，不太妥當，擔心消息走漏，於是就按照明朝

的流程，把奏疏送到會極門。

這篇奏疏就傳遞到了文書房，被閹黨分子王體乾看到後，大吃一驚，馬上就跑到魏忠賢那裡報告，把楊漣寫的奏疏從頭到腳唸了一遍。

魏忠賢開始的時候並不在意，覺得一個臣子寫奏疏說他也正常。

但當他聽到二十多條陳述他的罪過的時候，他坐不住了，王體乾剛好讀完，魏忠賢就一巴掌將奏疏扇倒在地，大聲喝斥道：「楊大洪（楊漣）這廝看來是要我的命啊。」

王體乾身體顫抖，站在一邊沒有說話。

過了一陣，他見魏公公氣消了不少，就說：「楊漣這個小子很早之前就沒有安好心，我們要想辦法收拾他。」

魏忠賢說：「這個奏疏先扣著不要讓天啟皇帝知道了，我們先想想辦法怎麼收拾他們。」

王體乾問：「如果明天皇帝上朝，楊漣面聖。講這件事怎麼辦？」

魏忠賢說：「那就讓皇帝不上朝，我等一下去找客氏，商量一下，有沒有法子讓天啟不上朝。」

王體乾拿過摺子準備告辭，魏忠賢攔住了，稱自己還要再看看楊漣的上疏。王體乾隨後告退，留下魏忠賢一個人在椅子上愁眉苦臉。

楊漣舉出的二十四條大罪，任何一條沾上都吃不了兜著走。自己幸好發現的早，還有挽留的機會。

如果這個奏疏被天啟皇帝看到當真了，那就不好玩了，一句話就可以把自己滅了。前段時間，自己陪同皇帝去打獵，在圍場自己玩得過火了一點，沒有顧忌到自己的馬，結果天啟射箭不小心把他的坐騎射死了。自己如果不是反應速度快，早就見了閻王爺了。

幾天前，宮中的小殿發生火災，皇帝還遷怒於他，讓他好生反思，幸好老相好奉聖夫人在皇帝面前說好話，自己才免去了被貶罰的命運。

現在楊漣又來燒一把火，這不是存心要殺他滅口？

還得想個周全的辦法，找個可靠的人。

魏忠賢想到的第一個人就是內閣首輔葉向高，但這個人是資深的東林黨人，和楊漣的關係肯定很深。找他幫忙，肯定不現實，會自取其辱，因此就打消了這個念頭。尋思一想，韓爌應該是個不錯的人選。

韓爌現在擔任的是僅次於內閣首輔的次輔，說話也有一定的分量。前年的時候，就和東林黨大臣起過衝突，加上和自己的關係不錯，於是他打定主意，馬上帶上楊漣的奏疏去找他。

魏忠賢來到韓爌家，他有些意外，魏公公來自己家裡這還是頭一回。於是就客氣地請他裡屋就坐，魏忠賢眉目示意這是個私

事，韓爌便讓周圍的人告退。將遮擋的屏風拉上。然後小心翼翼地將手上的奏疏遞給他，然他先看看。

韓爌大概讀了一遍，便猜到了魏忠賢的來意。

魏忠賢說：「楊大人告我的這二十多條大罪，基本上每一條都有皇帝的意思，我自己一個太監奴才，哪裡敢擅自做主，我做的事情最多就是幫皇帝跑跑腿，解決他的事情，根本就承受不了這麼多子虛烏有的罪名。我聽說韓大人你為官正直，希望韓大人能幫我說幾句公道話，救我的小命。」

說著便有些委屈，擠出了幾顆眼淚。

韓爌不太喜歡逢迎拍馬之徒，對魏忠賢的行為平時也有所耳聞，楊漣的奏疏寫得雖然不說是完全屬實，但也不會是空穴來風。

便對他說：「如果楊漣寫得這些罪狀，魏公公都沒有，那麼皇帝一定不會冤枉你，如果真的有這樣的事情，大概就難辭其咎了。我不好處理這件事，解鈴還須繫鈴人，所以，魏公公你看還是自己想想辦法。」

魏忠賢聽韓爌這麼一說，自知自己算是白跑了一趟，於是就說：「冤枉不冤枉我自己心裡有數，我只是擔心如果楊漣的奏疏傳到外面去，一些別有心機的人會跟著起鬨，顛倒黑白，無中生有，真假難辨，到時候，事情變成這樣了，只有你才能夠把這件事說清楚，希望韓大人關注一下。」

說完就起身告辭，不再逗留。

看來這件事確實該靠自己解決了，靠山山倒，靠水水流。

他只有自己想辦法了，回到宮中，他馬上就去見了自己的老相好客氏。

楊漣原來打算把奏疏放到會極門，是為了防止走漏消息。但送了之後回來才覺得不該這樣做，會極門的上疏肯定會傳到內書房去，內書房有魏閹的人，等於是把自己過早暴露了。

他打算在第二天早朝的時候面見皇帝，即興上奏。陳述魏忠賢的種種過錯，他甚至都想到了和魏忠賢在宮殿之上唇槍舌劍、相互爭辯的樣子。然而，讓他失落的是，第二天還是面朝，接著是第三天第四天又是面朝。就這樣一直到六月五號，天啟皇帝才通知上朝。

為了能夠完整的陳述魏忠賢的罪狀，楊漣在上朝之前還特地在心裡默默的溫習了幾遍，上朝的時間到了，他走上大殿，發現今天上朝的感覺和以往不一樣，仔細一看就發現，皇帝的左右站了很多披堅執銳的宦官，他們怒目而視，把目光都射向楊漣，楊漣吸了一口氣，大步走進，朝拜之後，和眾位大臣站立兩旁。

他準備皇帝開口的時候就第一個出來上奏。

但楊漣不知道的是，魏忠賢在之前已經做足了功課，找了皇帝身邊的王體乾、李永貞、塗文輔等人串通好了，準備在楊漣陳述罪狀的時候出來唱反調。

取消早朝的那幾天，客氏等人就安排王體乾等人在天啟皇帝面前唱雙簧，唸楊漣寫的文章，他將奏疏中的一些情感色彩詞彙剔除，沒有講魏忠賢過多的不是，而是摘取隻言片語，隨意闡釋，硬是把一篇充滿戰鬥性的文章變成了一篇諷刺挖苦的爛文。

陷害忠良

　　本來是說魏忠賢的各種不對的事，經過他們的曲解變成了陳述皇帝偏信奸臣、無能自私的奏疏。朱由校越聽越氣，怒不可遏，直接拍下桌子，楊漣胡鬧！

　　魏忠賢在眾位大臣站立完畢就抹著眼淚進來，一邊哭一邊哀求皇帝替他做主。

　　這不是惡人先告狀嗎？

　　客氏和王體乾等人也馬上在天啟身邊抹淚。集體發力，幾人事先分好了工，一人陳述魏忠賢的冤情，一人則罵楊漣的奸詐，另一人要求皇帝要嚴懲亂臣賊子，剩下的幾人就做哭泣狀。

　　魏忠賢邊哭邊請求皇上罷免他提督東廠的官職。

　　看著自己身邊的人都哭得真切，天啟皇帝眼眶紅了。

　　一個老奴在自己身邊苦心服侍自己這麼多年，沒有功勞也有苦勞。朱由校覺得，魏忠賢的忠誠，是無人能代替的，前段時間，魏忠賢犯了錯，他讓魏忠賢獨自閉門思過，才讓他離開不久，天啟皇帝就覺得一個人簡直太無趣了。

　　少了魏公公，生活沒有絲毫樂趣，於是才過了一陣就下旨讓他回來。

魏忠賢平白無故的當差，礙著楊漣什麼事情了？居然說他罪過極多，這不明擺著想要置人於死地？楊漣到底想要做什麼？

但畢竟楊漣在他心裡並不壞，從父親當皇帝，到他自己的繼承大統當皇帝，楊漣都是盡心盡力輔佐。如果要現在處罰他，還真有點於心不忍。

天啟一時間拿不定注意，只好說：「誰也不辭職，你們還是該幹嘛幹嘛。」

楊漣等了幾天，奏疏的批紅依然沒有半點音訊。卻等來了皇帝的一句上諭，讓魏忠賢安安心心工作。

東林黨人覺得可能是力度不夠，於是便加強了上疏的頻率，一時間，眾多東林大臣的上疏像雪花一樣湧現朝堂。

御史李應升上疏說：「從來奄人之禍，其始莫不有小忠小信以固結主心，根株既深，毒手乃肆。今陛下明知其罪，曲賜包容。彼緩則圖自全之計，急則作走險之謀。蕭牆之間，能無隱禍？故忠賢一日不去，則陛下一日不安。臣為陛下計，莫如聽忠賢引退，以全其命；為忠賢計，亦莫若早自引決，以乞帷蓋之恩。不然惡稔貫盈，他日欲保首領，不可得矣。」出自《明史》。

吏科都給事中魏大中，河南道御史袁化中，亦率同官上疏反映魏忠賢的問題，國子監祭酒蔡毅中帶領師生約千餘人，聯名上疏請求追究魏忠賢的二十四大罪。

截止六月中旬，上疏彈劾魏忠賢的大臣多達七十多人，奏疏一共一百多份。

密集的奏疏很快就被魏忠賢知曉，他知道自己該出手了。

東林黨的大臣們這個時候很希望內閣一把手葉向高能出手，在皇帝面前陳述事情的真相，表明態度，葉向高作為朝廷頗有威望的大臣，只要自己出一下手，就可以改變形勢。

楊漣馬上帶領東林黨一些大臣前去拜訪葉向高。但葉向高有自己的看法，他認為楊漣這件事和自己沒有多大的關係。

一來楊漣上疏的時候，根本就沒有徵求過他的意見。二來他對魏忠賢並沒有很討厭的感覺，他覺得魏忠賢也不全壞，身上還是有亮點的。比如魏忠賢做事情很認真，服侍皇帝可以說是盡心盡力。

另外，葉向高認為，是楊漣他們自己做事情沒有把握好尺度，太過於草率和魯莽，所以才造成目前這樣的局面，他不希望雙方劍拔弩張，而是握手言和。

楊漣到葉向高的府邸上講明了來意，希望他能夠出手奏明皇上。這樣就能夠清除皇帝身邊的魏閹等人了。

葉向高沒有發表自己的意見，只是默默的聽著。

大家七嘴八舌說了一陣，等來了他的一句回答：「僕老矣，不惜以身報國。倘主上不果聽，公等置身何地乎？」。簡單來講就是我現在年紀大了，可以以身報國，但皇帝如果不聽我的，諸

位大臣將置身何地呢？

葉向高的意思大家馬上就猜出來了，他想表達的意思有兩層，一是他認為魏忠賢不是那麼好對付的人，內閣大臣如果不採取行動，那麼就可以有補救的餘地。可以防止大禍的發生。二是如果他作為內閣首輔出手了，沒有除掉魏忠賢，那麼朝中所有的正直大臣都會處於危險的境地，恐怕會全軍覆沒。

眾人見說服不了，只好離開。

葉向高在朝廷出這樣的事情，其實完全可以下手的，在楊漣他們找他之前，他就已經採取了密揭（祕密的奏疏）的形式請求皇帝，將楊漣的奏疏發到內閣，然後由內閣團隊一起商議處理意見。

後來密揭被魏忠賢收悉後，他馬上在天啟面前講葉向高的壞話，誣告葉向高是楊漣的後臺，說內閣臣子要提意見可以，但不能讓葉向高參加，在魏忠賢的糊弄下，天啟同意，傳旨讓魏廣微擬定閣票。

魏廣微是魏公公的真實走狗，也是其在內閣的一顆棋子。只要有什麼風吹草動，他都是第一時間向魏忠賢通風報信。

既然皇帝讓他擬寫，那他自然就偏向魏忠賢。在奏疏裡面寫道：「以後大小各官，務要修職，不得隨聲附和。有不遵的，國法具在，絕不姑息。」

天啟看後表示同意，於是聖旨就下來了。

這樣一來，上疏更多了。

事情鬧到這種地步，葉向高還是出手了，再不出手就真的壓不住局勢了，葉大人帶領內閣臣子在十一日向天啟皇帝合併上了一個奏疏：「楊漣一人之言，容有過激，未幾而諸疏繼至矣，又未幾而臺省九卿復有公疏，舉朝鬨然，即臣等亦被其指摘。甚者疑其為忠賢畫策，當與焦芳同傳矣。臣地居密勿，不敢自同於廷臣，即受疑受謗，情固甘之。唯是皇上念忠賢，則當求所以保全之；而今日保全忠賢之計，莫如聽其自請且歸私第，遠勢避嫌，以釋中外之心，使天下曉然知忠賢之無他，其於轉禍為福，直俄頃間耳。」出自《明史》紀事本末第七十一卷。

魏忠賢看到葉向高的上疏，大吃一驚，覺得葉向高才是老謀深算，這奏疏雖然表面上在稱讚他，但實際偏向的是東林黨人，你這一套我見得不少。於是馬上讓自己的手下以皇帝的口氣寫一份奏疏，陳述魏忠賢的功績，不準他辭職，然後用皇上的名義對葉向高的奏疏做批紅：「舉朝鬨然，殊非國體。卿等與廷臣不同，宜急調劑，釋諸臣之疑。」

用現在的話來說就是，這件事現在鬧得滿城風雨，連菜場的百姓都知道了，這還像個國家？你作為內閣的首輔大臣，外廷的人不懂事亂來，你也跟著搗亂，快想辦法把這件事講明白，讓那邊人不要添亂了。

東林黨人密集的上疏轟炸之後，魏忠賢還是老樣子，一點皮毛也沒傷著，朝中的一些勢利大臣見魏忠賢能耐大，紛紛投靠，

一些正直的大臣覺得朝廷黑暗，紛紛要求辭職回家。

魏廣微在兩派鬥爭的時候，多了一個心眼，把上疏臣子的名字、官職和具體表現記錄下來，分門別類整理，做成了一冊《縉紳便覽》送給魏忠賢。

魏忠賢欣然笑納。

兩派鬥爭魏閹沒有受到任何損傷，可他不會任東林黨勢力來抓他的辮子。便計劃找個機會好好收拾這幫人。

天啟皇帝之所以連續幾天沒有上朝，原因是他的兒子生病了，本來孩子年紀小生病很正常，好好休養就行了，但客氏對天啟說目前皇子病的不輕，需要他去看看。天啟本來就對朝政沒有多少心思，聽客氏這麼一說，就取消了幾天的早朝，跑到皇宮中去看他的孩子了。

這個孩子是慧妃范氏於西元1623年十月二十二日生，名字叫朱慈焴。這是天啟的第二個孩子，第一孩子因為很早就夭折了，所以他對這個孩子寄予厚望。母憑子貴，范氏因為誕子得以晉升為貴妃，她對這個孩子很用心，生怕出了意外。

可是這個孩子命卻不好。五月二十九日的晚上，他才沉睡不久。外面兩隻貓正在相互撕咬，毛骨悚然悽慘的聲音不絕於耳，把這位小皇子嚇哭了，驚懼之下，夜不能眠，面紅耳赤，從此便患上了病，發起高燒，幾天都沒有退燒的跡象，太醫幾次配藥都沒有辦法醫治好。

客氏聽說後，用民間所謂的土法，配上芝麻水替孩子搓背，皇子情況一度好轉，但幾天之後，卻病情加重，抽搐不止，臉色發青。把范氏急的六神無主。

　　看見范氏很焦急，客氏就認為肯定是有鬼怪在鬧事，便讓人拿來碗筷，用棉布蓋住，作法，在皇子身邊轉圈，後來把碗揭開，根據裡面布條窩陷的方向判定不祥之物來之西南方，便派人去院落的西南角燒紙祈禱。

　　但皇子的病情沒有任何好轉的跡象，幾天之後就不能進食，滴水不入，六月十四日便死去了，才八個月大。

　　唯一的兒子走了之後，天啟皇帝受到重大打擊，遷罪生母范氏，認為是她沒有看管好皇子，范氏有口說不清，本來就很難過，天啟又責怪，就更加傷心。一些妃嬪也積極開導勸慰她，讓她想開點。

　　天啟皇帝茶飯不思，無心玩耍，只要想到皇子朱慈焴那張可愛的小臉，就忍不住掉眼淚。

　　皇帝無暇顧及朝中政事，為魏忠賢提供了一個契機，他覺得這是一個好機會，可以用來收拾東林黨人。在楊漣上疏彈劾他二十四條罪狀的時候，擔任翰林的馮銓一直密切關注宮中事情的發展，得知東林黨人被皇帝斥責，便寫一封信給魏忠賢的姪兒魏良卿，讓他轉交給舅舅魏忠賢，建議給受皇帝斥責的東林黨人一點厲害。

魏忠賢馬上邀上客氏和王體乾等人一起商議對付東林黨人的辦法，最後決定採取廷杖的方式，讓他們吃一吃苦頭。

擔任工部郎中的萬燝成為他們首先開刀的對象，他當時負責修建光宗的陵墓，因為缺乏銀兩建造，經費緊張，他十分著急，後來聽寶源局（明清專司錢幣鑄造的機構）的人說，宮中目前還有些一些製造錢幣的破銅還沒有用，可以申請用來造錢，便馬上寫了平行文書送到內廷，請求撥付。

當時魏忠賢管內廷，很討厭其他大臣插手內廷的情況，便對萬燝的報告置之不理，萬燝等了幾天沒有回應，就親自去了解情況，後來打聽得知原來是魏忠賢從中作梗，直接向皇帝上疏，再次請求撥付廢銅，並在奏疏中指明魏忠賢的過錯。魏忠賢很生氣，派人在天啟面前說萬燝的壞話，皇帝本來心情就不好，聽信讒言，覺得大臣生事，太不像話，馬上下旨責備。

萬燝受到責備，猜測是魏忠賢在中間動了手腳，又直接動手寫了一篇上疏在十六號一早送到會極門，他在奏疏中一針見血地指出魏忠賢的過錯，明史記載其言：「今忠賢已盡竊陛下權，致內廷外朝止知有忠賢，不知有陛下，尚可一日留左右耶？」

用現在的話來說就是魏忠賢獨攬大權，使得朝廷內外只知道有魏賊，而不知道有陛下，魏忠賢聽後怒不可遏，決定要讓萬燝曉得他的厲害，馬上矯詔，罰其廷杖一百，魏忠賢見天啟皇帝心情不佳，便安排他到大殿聽本。

先是由宮廷太監李永貞唸了幾句萬燝的上疏，然後王體乾和

客氏就插話說：「皇帝正在經受皇子死去的哀痛，萬燝在此期間上疏，明顯是存心擾亂，應該嚴懲。」

王體乾馬上建議天啟對萬燝施以廷杖，殺一儆百。朱由校被周圍的人帶暈了，便讓王體乾下旨對萬燝廷杖：「著實杖一百棍，革職為民，永不敘用。」

聖旨下來之後，東林大臣大吃一驚，內閣首輔葉向高擔心會出人命，畢竟廷杖以前有過打死人的先例，馬上上疏營救，擔任工部一把手的陳長祚也趕緊寫奏疏，以求能夠救助自己的下屬。

上疏呈遞上去之後，皇帝卻沒有任何反應。第二天魏忠賢就指使自己的心腹田爾耕率領錦衣衛趕到萬燝的住處，將萬燝強行從寓所帶走。一直押送到長安門，受魏忠賢指派的十幾名小太監一哄而上，對萬燝拳打腳踢，然後把昏了的萬燝拖到午門之外，由王體乾親自監督廷杖，讓錦衣衛拿長木棍，對萬燝下狠手打，一百棍打完之後，萬燝的臀部至兩股間已是皮開肉綻，鮮血淋漓。

一些太監在行刑完之後還拖著萬燝的身體在門外轉了幾圈，用鐵錐子扎他身體，本來萬燝還剩下一口氣，經過這麼一折騰，又昏死過去，送到寓所的時候，氣若游絲，四天後就死去了。

萬燝的死讓東林黨人又遭到了一次沉重的打擊，不但魏忠賢沒有任何損傷，反而還賠進了骨幹力量，萬燝一死，東林黨人的上疏的節奏頻率都慢了許多。朝廷內外彷彿安靜不少，但此

刻魏忠賢卻沒有打算停下來。決定趁勢追擊。

他使出的手段也波及到了很多無辜的大臣，一些處於中立的大臣也深受其害，比如中書舍人吳懷賢，他只是在家裡正好讀到了東林黨人楊漣彈劾魏忠賢的文章，覺得這文章遣詞造句寫的不錯，便開玩笑說皇帝要做的事情就是把魏忠賢抓來充軍。這句話被當時門外的傭人聽到，立即彙報給了魏忠賢的爪牙，結果吳懷賢被魏忠賢逮捕，直接施以刑法，活活被打死。

透過這樣的施展，魏忠賢算是深刻的領悟到了「手段」的重要性。手段加上權力，就可以隨心所欲為所欲為，東林黨人這群大臣在他面前雖然進攻不斷，可一點也沒傷到他的筋骨。而他可以使出多種手段精確打擊這幫人。為了敲山震虎，他決定再找幾個大人物開刀，這一次選擇的對象便是身居要職的葉向高。

下計首輔

葉向高是福建人，為明神宗萬曆十一年（西元 1583 年）進士。曾在萬曆和天啟年間兩度出任內閣首輔大臣。其為人做事情富有謀略，也善於拿捏處理大臣之間的關係，在天啟年間對於維護太子正統和遏制魏忠賢的勢力有著不可估量的作用。

葉向高沒有很多東林黨人那種自視甚高、極端化的思維，他做事情一般都循規蹈矩、老成持重，雖然內心有自己的想法，但待人接物方面卻很靈活。在葉向高看來，朝廷裡面東林黨人和魏忠賢的之爭，魏忠賢的做法固然不可饒恕，但東林黨人自己也有一定的責任。在魏忠賢瘋狂迫害東林黨人的時候，他積極站出來，極力阻擋，憑藉自己的智謀救了給事中陳良訓、御史吳甡等多人的性命，因此，葉向高遭到魏忠賢的嫉恨，欲除之而後快。

葉向高在朝廷中屬於較為中立的一派，因此在政治鬥爭中的處境較為尷尬，一方面，魏忠賢等一批人很想將之除掉，另一方面，葉向高的某些做法在東林黨人眼中不受待見，很多大臣有有時候理解不了他的做法，說他反對魏忠賢吧，是因為他曾經救了他們很多人，但在朝廷爭執的時候，他又站出來說他們東林黨人的不是，一點都不給情面，做事太過激進、魯莽

等等。他的做法在兩派中都不討喜歡，首輔的工作也做得異常艱難。

魏忠賢把葉向高列為自己打擊的目標之後，並沒有馬上派人動手。他計上心來，認為一時間把人弄死未免太不過癮，這個老臣已經多次讓他的計謀落空，既然如此，就要採取最有折磨人的方式來收拾他。葉向高本人做事情基本上沒有多大的缺點，要在本人身上開刀頗為困難，只有從他身邊的親戚著手。葉向高有個外甥叫林汝翥（音同「住」），此人在朝廷裡面擔任御史。此人也忠心愛國、正直可靠，有一次他率領部下在街上巡視的時候，正碰到兩位宦官在光天化日之下搶劫，當即命令手下擒拿捉住，兩位手下衝上去就將宦官撲倒在地，一頓痛揍，直接揍得宦官哭爹喊娘。

這兩個宦官的名字分別叫曹進、傅國興。是魏忠賢的爪牙，被打之後馬上上報主子，魏忠賢便知道了這個御史是葉向高的外甥，他覺得機會來了，馬上指使大太監王體乾到皇帝面前告狀，把兩位宦官的慘痛遭遇選擇性地說了一遍，陳述御史的不對，進而添油加醋講到御史藐視皇上，魏忠賢和客氏在臺上負責搧風點火，天啟皇帝覺得該嚴懲這等臣子。於六月二十一日降旨下詔，杖責林汝翥一百棍，將其貶為庶民。

林汝翥回到府邸正在休息，聽到聖旨嚇得不輕，巡城御史平時的職責就是負責首都的治安，出城巡查捉拿為非作歹之徒，伸張正義完全是工作內部的事。遇到宦官打劫，他這麼處理，

完全合情合理。以前也有遇到過類似的情況，這樣懲治，也沒出過紕漏，處理了兩個宦官居然被貶成庶民，大概是惹禍上身了。之前他聽說朝廷要員萬燝被打死，擔心自己也會遭到厄運，於是選擇逃跑。

明朝全國各地到處遍布特務，林汝翥怕被特務的人盯上，跑的時候還特地從自家院落翻牆到隔壁鄰居的家裡，藏在一間沒人住的房子裡待了幾個小時，等著夜深人靜大家都休息的時候才跑。

作為一個官員，接到處理之前逃跑，這叫畏罪潛逃。

魏忠賢的人馬迅速追到了林汝翥的府邸，但是大門緊閉，人去樓空，只有零零散散幾個傭人還在，他們也不知道府邸的林大人什麼時候走的。

很明顯撲了一個空，情況彙報到魏忠賢那裡。這個人肯定是跑到親戚那裡藏身去了，馬上帶人搜查葉向高的府邸。

在魏忠賢的指令下，宦官們馬上派出人馬將葉府圍了一個水洩不通，然後直接將大門撞開，進去抓人。

在葉家搜查了一遍，還是沒有找到逃匿的林汝翥，宦官們不死心，繼續在裡面翻箱倒櫃盤查。作為朝廷的內閣首輔，葉向高一向受人尊敬，那裡受得了這些小宦官們在自己府邸裡橫衝直撞，他氣不打一處來。馬上在宦官走了之後上疏朝廷，說自己的住所被宦官無端搜查，自己的東西被亂砸一通，還有沒有天理和王法，請皇帝明察！

皇帝知道這件事以後，也覺得處理得不太妥當，就安慰了他一番，將宦官們指責了一頓。

那麼，林汝翥會跑到哪裡去了？

林汝翥跑掉之後，他的主管上司，督察院御史孫瑋自然就脫不了關係，畢竟是自己的下屬、手下維護一方治安的官員，消失得無影無蹤，皇帝要是怪罪下來，自己就吃大虧了，輕點自己要遭處罰降職，往重說，自己的政治之路搞不好會因此走到了盡頭。

為了讓自己最大限度免遭傷害，孫瑋就命令手下李應升起草了一份詔書，由他口述，李應升代筆，陳述林汝翥逃跑跟他一點關係都沒有。他在上疏中說：「林汝翥不肯做強項之人（亦即堅持實事求是的人），竟成了逃跑之臣，致使皇帝座下少了一個仁義的忠臣。御史臺也因為有這樣貪生怕死的官員蒙羞，實在有損國威！不聽皇上的話，那就是目無法紀！」

這份奏摺寫好之後，他又命人讀了一遍給他聽，確認無誤後才上報。

林汝翥身為一個朝廷命官，逃跑這個辦法還真有點不明智，原因有三，一是自己當了這麼多年的官了，仕途生涯順利，如果就這麼一走了之，也就意味著自己的政治生涯走到頭了，畢竟作為官員跑路這個罪責不小。另一個原因就是如果不跑，最多遭受杖責，因為明朝處理官員的方式有一定的彈性，所以動用一點關係也就可以靈活處理，對身體的損害就可以少一些，再

則，這件事情他確實沒有做錯，到朝廷裡面申辯是可以講清楚的，但一走了之後，就意味著自己已經承認自己做了錯事。要不然為什麼逃跑？

林汝翥想來想去，自己這麼到處躲避也不是個辦法，於是，就動了自首的念頭。在他逃跑的時間裡，他飽一頓餓一頓，風餐露宿，過得異常艱苦，算是真正的體會了底層百姓的流浪生活，不但身體勞累，內心還惶恐不安，隨時都緊繃著神經，這樣的日子簡直比要他命還難受。他一路上馬不停蹄，跑到了遵化，堅定了自首的想法，找到應天府，邁著步伐進去，把自己的情況對應天府的鄧大人說了一遍，他想自己如今這樣也只能走一步算一步，至少在這個地方，宦官的勢力一時半會還難以抵達，因此還可以苟延殘喘，不至於死在惡毒的宦官手裡。至於聖旨如果來了就來了，坦白承認吧。

鄧大人聽到林汝翥陳述後，深感事情重大，不敢怠慢，趕緊撰寫了一份奏摺，向朝廷如實的彙報了林汝翥的事情，林汝翥本想著皇帝聽到後能夠體恤事情的來龍去脈，給他一個公正的處理，但天啟皇帝似乎並不為鄧大人的奏摺所動，也許是之前偏袒的慣性思維占據了上風，皇帝的潛意識認為，你既然沒有做壞事，那為什麼要跑？肯定是心中有鬼。聖旨不久之後如期抵達，還是要捱揍。

這件事馬上就引起了朝廷轟動，明明是好人怕被宦官下毒手才不得已跑路，林汝翥這個人再怎麼說也是朝廷的官員，罪責最

多就是潛逃、擅離職守，怎麼也輪不到還要杖責的地步，一些正直的官員忍不下顛倒是非，就商量著要上疏皇帝。

李應升大人覺得林汝翥太冤屈，就準備找林汝翥的上司孫瑋幫忙。

孫瑋正在院子裡踱步，這個時候，李應升大人小跑過來找他，對他說林汝翥是冤枉的，朝中很多大臣憤憤不平，一個正直的官員怎能被宦官所害？問孫大人有沒有好的辦法可以解救。如果林汝翥真要被杖打一百棍，十有八九要命喪黃泉，宦官下手是出了名的狠。

孫瑋喝了一口茶，不緊不慢地說：「現在還沒有什麼好的辦法，乾脆還是上疏，現在抓緊時間趕緊寫個奏摺，大家一起努力，也許可以救他。」

身為分管監察的一把手孫大人馬上提出倡議，號召監察的同事們都站出來幫一下林汝翥，在他的振臂呼喊下，十幾個自己管轄區的監察官紛紛落上自己的姓名，聯名上疏救人。

奏疏呈遞上去之後，皇帝沒有任何表示。

林汝翥的事情鬧得沸沸揚揚，朝中內外都知曉了這件事，輿論目光都聚集他身上。

他被冤枉的事情傳得很開，對自己的性命還是多少有點保護作用。

執法時候，有官員私底下託人求情，輕點杖責，因為不是

宦官處理，是由錦衣衛打，加上負責監督的官員知道這個林大人是冤枉的，因此打的時候也是睜一隻眼閉一隻眼，執法的人收了好處就沒有使多大的力氣，杖責之後，林大人終於撿回一條命。

林汝翥被處理之後，受影響最大的人，自然就是首輔葉向高。

他現在明白了，幾朝元老、幾朝功臣原來都是自欺欺人。在皇帝的眼中，自己只不過是一個無足輕重的棋子，自己的外甥林汝翥只不過秉公執法，抱打不平處理了宦官，就落得了如此可憐的境地，這樣在朝廷為官又有什麼意思？

想來自己最初當首輔的時候，還是朱由校的父親光宗皇帝請他回來的，光宗駕崩後，朱由校繼位，劉一燝擔任了次輔，內閣首輔的位置一直就空著。一直拖到十月，天啟皇帝才讓他從福建回到京城，擔任內閣的一把手，那時候的他秉持忠義，選賢任能，朝廷一派熱鬧的景象，怎麼才過了不久，局面就成了現在這個樣子？

回顧自己擔任首輔以來的職業生涯，基本上問心無愧，不僅對皇帝盡職盡責，而且對朝中大事的處理也是一片苦心，任勞任怨，本著實事求是的態度，沒有偏袒任何人。

哪怕對朝中同為東林黨大臣的同袍們，如果有什麼不對的事情，他也會勇敢站出來，指出他們的過錯。對魏忠賢宦官的弄權行為，也是盡力抵制。但他不想兩派陷入爭吵，所以在中間盡力調和，就是為了讓明朝不至於陷入損害國家的黨派之爭。

工作三年以來，自己忍辱負重。在關鍵時刻挺身而出，保護了多少大臣的性命，每當皇帝生氣的時候，自己也是迎難而上，冒著風險上疏勸諫，甚至常常以辭職的方式請求皇帝醒悟，回心轉意。

但自己的一片苦心卻得不到皇帝的理解，自己和皇帝的感情似乎越來越遠了，朝中關係也是費力不討好，東林黨大臣覺得他吃裡扒外，閹黨覺得他是多管閒事，他和魏閹之間也有過很多次衝突，之所以盡心勸諫完全是站在國家的角度考慮的，連自己的老臉都不顧了。但讓他寒心的是，楊漣這些忠良的大臣理解不了他，說他的做法太過於軟弱。

他現在覺得這個首輔工作真不好做，即便是他遇到什麼事情都替別人著想，但都好心沒有好報。日子過得實在委屈。

葉向高越想越氣，兩行熱淚已經掛在了臉上。他在想，自己這一切都值得嗎？現在皇帝寵幸宦官，不理政事。作為一國之君，不想的是如何拯救天下蒼生，而一心圖玩樂。朝廷的奏章也讓閹黨鑽了空子，也聽不進去朝廷大臣的勸諫，說的話皇帝根本不信，全當耳邊風，自己現在在皇帝心中的地位還不及身邊的一個宦官奴才。

難道做忠良的臣子就這麼難？

他實在看不下去皇帝的所作所為了，看不慣閹黨顛倒黑白的弄權行為，提起筆來，寫了一份辭呈，他知道，這份辭呈也許就是最後一次了，皇帝和他已經不似先前那樣信任了。

其實是不太情願辭職的,在官場上,很多時候的辭職都帶點要挾的心態。潛意思就是兩層,一是看在皇帝心中有無地位,皇帝能不能出面來挽留他,只要挽留一下說點好話,這件事就過去了。二是借這一篇上疏來抒發內心的鬱結,話外的意思就是我對現在的朝政狀態不太滿意,提醒皇帝要注意處理的方式了。在之前,涉及官員萬燝的處理,他就對此提出過不同的意見,甚至想以辭呈來表達不滿,但那時候還沒有下定決心,可是現在他的外甥一心為民,居然出了禍事,這實在讓他憤慨,徹底寒心了。

葉首輔思忖良久,悲痛萬分,算了,還是放下那顆炙熱的愛國心吧,沒有把他當回事。那他待在朝中也沒有意思,都這把老骨頭了,實在太累了。這麼一想,他立刻拿出紙筆寫了一篇辭呈,第二天就呈遞皇帝,準備告老還鄉。

天啟皇帝在七月初九就收到了他遞交的辭呈,對於這個老臣子,儘管聽到很多人說他的好話,但在天啟看來,這個臣子也有很多處理的方式讓他不甚滿意,除了在他身上看到固執、執拗、不顧一切的上奏摺和爭執之外,他似乎沒有看到更多特質。對於他近來的表現,天啟皇帝有些失望,他不明白這個眾人所說的幾朝元老好在什麼地方,既然他去意已決,那正好就讓他回去吧,於是假意挽留勸諫幾句,就批准了葉向高的辭呈。並給了他賜銀幣、坐蟒、得乘驛傳、派遣行人護送等種種優待。

葉向高收拾好東西之後,準備回家。在回家之前他還向皇

帝上了一份陛辭疏，勸天啟皇帝一定要清心寡慾，保重身體，對於臣子的勸諫，萬萬不可再用廷杖的粗暴方式處理。

他知道自己說這些皇帝未必會聽得進去，但這也算是自己真心話，國家大事隨便怎麼變吧，他不想再操這個心了。

葉向高走了，回他的福建福清老家了。他走之後，內閣首輔的位置被韓爌代替。內閣成員就變成了韓爌、孫承宗、顧秉謙、朱延禧和魏廣微這五人，而孫承宗在朝廷之外督師，所以真正發揮作用的便只有四人。

葉大人一走，東林黨人又失去了一個保護的屏障。魏忠賢非常高興，東林黨人現在就是桌子上的肉，隨便受他宰割，沒有多少還手之力，想怎麼弄就可以怎麼弄。在魏忠賢的接連打擊下，東林黨領頭的大臣被打擊得所剩無幾，剩下的一些大臣也是勢單力薄，力量不濟。

鬥爭激烈

東林黨人數銳減，在政治鬥爭中就處於很大的劣勢。只要稍微有點政治頭腦，就可以看清形勢，東林黨的情況已經是很糟糕的狀態。

有見識的東林黨人也看明白了。

其實東林黨人也不乏智囊，號稱東林七君子之一的黃尊素（也就是我們後來熟知的著名思想家黃宗羲的父親）和汪文言並為當時「東林黨的兩大智囊」，歷史記載他：「精敏強執，謇諤敢言，尤有深識遠慮，為權宦所忌。」

黃尊素在東林黨人和閹黨鬧摩擦的時候就悄悄告訴楊漣，和魏閹做鬥爭，不宜直接對決，而應採取謀略，避其鋒芒，不能和對方鬧翻，要學會打圓場，鬥爭可以用很多方式，不要用一種方式硬碰到底。

針對東林黨人的現狀，他建議可以用以退為進的方式，一步步穩紮穩打，黃尊素的建議可以說很符合實際：「魏忠賢對你說了什麼壞話，你不理就行了，找你的碴，你能躲就躲，能退就退，不用那麼逞君子風範。」

和對方唱反調、撕破臉無異於是最危險的方式。還不如韜

光養晦，好好積蓄力量，古人講，君子報仇，十年不晚。待力量強大了再反擊也不遲，再說現在東林黨人和魏忠賢的閹黨勢力已經不對稱，東林黨處於絕對的弱勢，因此採取一定的守勢很有必要。

可惜能夠領悟這樣的東林官員太少了。葉向高作為一個重要的人物，就應該知道這樣的後果，意氣用事並不能解決任何問題，他身為位高權重的首輔，可以說是東林黨人遮風避雨的一把大傘，很多東林黨人都把他視為核心。不過遺憾的是，他的文人精神害了他，他太過於看重自己的得失和名氣，苦了東林黨人和自己。

楊漣覺得黃尊素就是膽小怕事，後退是多麼羞恥的行為，他自然不能接受，大丈夫做事情就要講誠信、講操守、講原則，一個士大夫如果沒有人格操守，那還談什麼理想？作為一個大臣，遇到麻煩的時候不僅不能退讓，反而要迎難而上，這才是君子的風度。

楊漣這樣的人物，誠然有一腔愛國的熱血，但做人太過於死板，缺少一種靈活的處理方式，很多時候帶給自己不少麻煩，特別是在腥風血雨的政治鬥爭中，常常因小失大，得不償失。

折損了葉向高，東林黨勢力屢弱，但也還有一些實權在握的官員，比如吏部尚書趙南星，葉向高走後，他馬上推選了具有東林黨派背景的官員，御史楊漣頂上，彌補內閣首輔的虧空，但朱由校卻沒有批准這個推薦，大約是對楊漣印象不怎麼好。

趙大人他們不死心，又聯名推薦御史馮從吾，此人是萬曆十七年（西元1589年）進士，明代官學程朱理學的集大成者，而且是東林黨在西北的領袖。此人作風優良，政治力量強，社會名氣大，但熹宗以官員的考核即將開始為理由拒絕了。拒絕的真實原因其實就是，天啟想在京城的官員中物色一個可靠的人。

魏忠賢見有機可乘，便心領神會地把自己的人馬戶部尚書李宗延推上，東林黨派一干人見推薦馮從吾不管用，就把人選換成了高攀龍。高攀龍是江蘇無錫人，西元1562年生，萬曆十七年（西元1589年）中進士，世稱「景逸先生」。為明朝政治家、思想家、東林黨領袖、「東林八君子」之一。

對於東林黨人的舉薦，高攀龍有些擔心，因為自己畢竟和趙南星是師生關係，自己如果擔當首輔，朝中內外大概很多大臣都會有看法，自己目前的職務又是刑部右侍郎，從這職位到首輔跨度比較大。在自己猶豫徘徊的時候，東林黨官員們為他打氣鼓勵，爭先恐後陳述這個職位的重要性。見大家都這麼堅決，他只好答應不再推辭。

九月初，推薦書就上奏朝廷了，按照明朝官員選拔的慣例，上奏之後，需要等待三天，那三天的等待是最痛苦的，大家的心都提到了嗓子眼，這次推薦會不會出岔子，大家心裡沒有底，是不是像上次一樣也不可知。結果，還沒到三天，就批准了，高攀龍勝出。對於高攀龍的勝利，東林黨人還有些不敢相信，畢竟推薦人還沒有這麼順利過，大家歡呼雀躍，喜不自勝。

對於天啟皇帝為什麼就同意了高攀龍的任命，我們不得而知。魏忠賢為什麼不出來搗亂？這也是一個謎。

高攀龍擔當首輔之後，立即走馬上任。上任之後接手的第一件事，就是關於御史崔呈秀的任職期間的考察。考察制度是建國之初延續的官員稽核方式，最早是開國皇帝朱元璋深感於官僚中的弊病，為避免重蹈元朝的覆轍，達到長治久安，於是加強對官吏的官吏，以求能澄清吏治。洪武五年六月，明代的文官考核制度產生，考察的時間實行外官三年一考察，京官六年一考察。負責考察的單位，主要是由檢察院和吏部完成。考察的結果關係著官員仕途走向，牽動著朝廷上下的敏感神經。

這個崔成秀任職一方，貪汙受賄是出了名的，以至於在當地有貪官的口碑，高攀龍上任不久，正好需要新官上任三把火，一方面顯示出自己的魄力，另一方面作為生性忠良的官員，他不能忍受這樣糊塗的官員胡作非為。於是，摸清證據之後，他直接派自己的得力幹將李應升起草彈劾崔大人。

消息很快就傳到崔成秀的耳朵裡，他大吃一驚，這麼報上去，自己鐵定完蛋，就馬上跑到李應升那裡乞求高抬貴手放他一馬，他會痛改前非，好好為官。李大人知道這樣的人表面一套，背後一套，江山易改本性難移，對這樣小人的表演伎倆，他沒有退步，直接拒絕。

高攀龍的奏摺在十七日就送上去了，崔成秀沒有辦法，只好厚著臉皮寫了一份自辨書，辯解自己任上的所作所為。明朝官員

對於這樣的上報都要考核，按照老規矩，官員的核查由吏部來甄別。

有東林黨背景的吏部尚書趙南星對這樣的官員恨之入骨，畢竟一個官員到底好不好、清不清廉，當地的百姓是最清楚的，這個官員在當地貪汙都出名了，他還好意思寫自辯書，想想就氣憤，於是趙南星轉手就向天啟皇帝彙報了崔大人的情況。天啟皇帝考核後，下詔予以革職查辦，並作出批示，要求淮陽地方官查清楚崔大人貪汙銀兩的具體數目。

崔大人被處理，急得像熱鍋上的螞蟻，他決定馬上找閹黨為自己說話。以期能夠拯救自己的仕途，很快就打點好了行裝，特地穿上一件青衣，連夜去找魏忠賢。所謂青衣，指的是漢代以後卑賤者所穿的衣服，一般指婢僕、差役等人為青衣，穿青衣戴小帽是為了顯示自己的卑微。為了便於見到魏公公，他把預先準備好的銀兩給了守門的奴僕，那人拿了好處，馬上帶他進去。他一見到魏忠賢就三拜九叩，大呼救命，言東林黨官員高攀龍和趙南星要陷害他，請魏大人主持公道，並諂媚地表示願意做他永遠的乾兒子，鞍前馬後。

魏忠賢是明白人，在宮廷中混了多年，他知道跪在自己面前的崔大人所說的話不可信，但是這個貪官對收拾東林黨人可以說是一個很好的理由，現在正愁沒有好的藉口，他這麼一來正好，於是心領神會，同意收他為乾兒子，先是安慰了他一番，然後告訴他，他將為「乾兒子」做主。

其實，這個崔大人雖然貪腐，卻也是沽名釣譽、仰慕學者的人，很願意結交一些有名的知識分子來為自己貼金，之前誠心誠意打算和東林黨人合作，結果對方對此不屑一顧，生冷回絕，幾次以後，他只得打消了這個念頭。

加入閹黨之後，魏忠賢叮囑他不要怕，他有辦法讓他官復原職，視榮華富貴為追求的崔成秀，便下了為閹黨賣命的決心。

恰好這時候，東林黨官員又因為一件事和魏廣微爭執起來了（魏廣微。字顯伯，南樂（屬河南）人。萬曆進士，選庶吉士，遷南京禮部右侍郎。天啟初，以同鄉同姓附結魏忠賢，初召拜禮部尚書兼東閣大學士，參預機務。此人是魏忠賢的忠實走狗。在朝廷裡他有外魏公之稱），十月初一，天啟皇帝按照舊例要向天下頒布理法，朝廷的群臣都要列朝祝賀，或許是事情太多耽擱了，魏廣微大人匆忙之中就把這件事情忘了，晚上睡得很晚，早上醒得很遲，皇帝頒完法典率領文武大臣去祭祀太廟，正行大禮的時候，魏廣微才匆匆趕來，擠進群臣裡面。大庭廣眾之下，直接進來，完全沒把禮儀當回事。有東林派官員就計上心來，典禮一完畢，負責管理典禮紀律的魏大中就準備上疏彈劾，但東林其他大臣勸他不要操之過急，尤其是黃尊素大人，他認為，這樣急做，勢必會引起不必要的麻煩，還是要從長計議。但魏大中認為，違規就應該受到處理，於是參了一本，稱其無視大明曆法。

說得直白一點，魏廣微去參加太廟祭祀，也就是犯了遲到

的問題,這個問題其實也不大,按理說寫個檢討就過去了,但魏大中作為一名生性耿直的官員,對這種懶散的官員早就頗有微詞,想從嚴處理,防止以後有更多的官員違規。他在奏摺中陳述了魏廣微的紀律渙散問題。

魏廣微馬上就知道了有人告他,心理非常不爽,你這不是小題大做嗎?自己也就是遲到一些,居然被說成紀律渙散。他不服,馬上就上了一份奏疏自辨,陳述遲到的理由,告知是因為事情耽擱了,同時馬上將此事告訴魏忠賢,於是雙方派系不約而同都加入到這一場爭論中來,客氏在魏忠賢的授意下,在皇帝面前誇他,說魏大人勞苦功高,一心撲在工作上,日夜加班,身體沒有休息好,所以才遲到,沒有必要處理他。

天啟皇帝對朝廷這樣的爭論頗為厭煩,很想早點解決,又見朝中數位大臣和奶媽都觀點一致,就認定是魏大中處理過度,在初八下達詔令:「近日蹊徑歧分,意見各別,愛憎毀譽,附和排擠。大臣顧及身名,動思引去,小臣瞻望風氣,依違自合。職業不修,政事墮廢。」翻譯成現在的意思就是:你們的爭論,各有各的意見,就會有毀損和讚譽。大臣之間的附和和排擠不好,朝廷大臣(名譽)受到打擊,顧及自身面子就以此引退。小臣拉幫結派,喜歡按照自己派別去評定人物,這樣的話,對國家的發展沒有任何好處。實際上是指責魏大中的奏疏。

明朝是是很講言論自由的王朝。推行言官制度是其特徵之一,大臣們可以隨意提意見,上至國家大事,下至後宮瑣事,

只要你有想法，可以儘管說出來，不用擔心得罪皇帝。因為在明朝，再殘暴的君主也不願背上「昏君」、「殺諫官」的罵名，皇帝如果生氣了，最多以「廷杖」處理大臣，在言官的屁股上狠狠地打一頓而已。

而一些所謂的言官為了名垂青史，立論唯恐不偏激，言辭唯恐不誇張，往往憑藉著捕風捉影、小道消息，就極盡駭人聽聞之能事。他們關心的並非所論是否屬實，而是能否憑藉刻薄的言辭譁眾取寵、一舉成名。所以天啟才討厭這些大臣對空事逞嘴皮子，而對於關係國計民生的大事卻提不出實在的建設性意見。

天啟皇帝的意見是針對廣大朝廷官員講的，也不是針對東林黨而言，但東林派大臣卻認為，皇帝在魏廣微疏彈劾之後這麼講，就有一點為魏廣微的事情鳴不平的意思。

魏廣微的自辯書無異是強詞奪理，都察院的御史李應升首先站出來，猛烈指責魏廣微的自辯，東林黨人官員一向口才厲害，眼睛進不得沙子，劈里啪啦說了一頓，不僅引經據典，而且還從各方面做了補充說明，展示強大的邏輯思維，詮釋了什麼才是真正的言官。

按照明朝的律法，如果是因為自己的過失而導致延誤朝賀的，當鞭打四十，而延誤祭祀的，則要鞭打一百。魏廣微接受處理，大不了就是挨板子的事。但東林黨人卻認為這件事很嚴重，指出魏廣微應該以他的父親為榜樣（魏的父親曾經擔任的

是言官，素能以正直敢言），對自己的行為要勇於承認，強行狡辯，不僅對不起神明，更對不起其父親清白的名譽。

李應升大人這麼一說，弄得魏廣微是無地自容，他本想發火，但轉念一想，自己本來理虧，再說，無異於火上澆油，尋思之下，他想到李應升有個老師叫孫承宗，這個人和自己認識，都是當年一起考上進士的老鄉，事情這麼鬧下去對自己沒有好處，想找孫老師說說情，把這件事大事化小，小事化無。孫承宗當時擔任督師的遼東大學士，在魏大人的請求下，他便向皇帝進言，陳述孫大人的功績，請皇帝賞賜。跟孫大人請功，明顯就是為了套近乎，言外之意就是告訴李應升都是認識的人，不如打個圓場，就此作罷。

孫大人在督師這方面確實做的很出色，魏廣微拍人家的馬屁也是煞費苦心，不過他沒有想到的是，這個孫大人也是正直忠厚的大臣，作為曾經皇帝的老師，他一向恪盡職守。自己的表現怎麼樣，難道皇帝不知道，還需要你說嗎？

於是孫大人也上疏了，陳述魏大人是有所圖謀，完全不顧老鄉這層關係，魏廣微沒想到自己又吃了一個耳光，最後只有厚著臉皮，自降身分，認魏忠賢為「父」，以求得到保全。

孫大人的上疏頗為冒風險，畢竟之前皇帝都說話官員之間不要相互攻擊，需要心平氣和相處，現在他這不是擺明著抓著一個問題嗎？

皇帝一生氣，馬上降旨要廷杖李應升，韓爌見勢不對，站

出來馬上勸告，好說歹說將皇帝勸住了，將挺杖改為罰收俸祿一年。

魏忠賢正眉開眼笑等杖責，結果只是罰俸祿，事情又黃了。

出來攪局的人就是韓爌，這個韓爌已經不是第一次出來擾亂了他的計畫。

魏忠賢決定好好收拾他，他先是找了一個名叫謝應祥（江西人，明嘉靖五十一年（西元1572年），明萬曆二十九年（西元1601年）辛丑科殿試金榜第三甲的進士）的東林黨官員下手，當時東林黨人推薦謝應祥擔任山西巡撫。閹黨人士認為這中間肯定有鬼，地方實權的肥差，怎麼查都會存在問題。山西巡撫職位空缺之後，很多人都饞，不少人都在到處送錢，以期自己能夠上任，送錢買官的消息連當時的吏部尚書趙南星都有所耳聞。他知道很多人奉承鑽營就是為了這個職位，他審時度勢，推選了素來做事清廉的太常寺卿謝應祥擔任巡撫。

謝應祥最早之前在浙江當過嘉善的縣令，那時候，魏廣微算起來是他的學生，聽過謝的授課。

為了扳倒韓爌，他透過自己的遠方親戚，朝中擔任御史的陳九疇，唆使他上疏參奏謝應詳一本，並許諾做了之後魏公公重賞，陳九疇一看是自己的親戚要求，想到參奏一本就可以仕途亨通，就滿口答應。找到人選之後，老樣子，魏忠賢在皇帝面前說楊漣等人的壞話，說他們矇騙陛下，擅自專權，讓皇帝先生氣。

在天啟二年十月分，朝廷的新晉狀元文震孟，才踏入官場就向皇帝上了一道〈勤政講學疏〉，敦促皇帝能夠切實擔負其皇帝應有的責任，親自處理朝政：「皇上昧爽臨朝，寒暑靡輟，於政非不勤矣，而勤政之實未見也。鴻臚引奏，跪拜起立，第如傀儡之登場，了無生意⋯⋯。」

魏忠賢知道後，派人叫了一個唱戲的傀儡團隊在皇宮裡演出，演完之後，皇帝意猶未盡，魏忠賢趁機說：「萬歲爺，這就是新晉狀元說的傀儡登場。」按理說文震孟本來是一番好意予以勸諫，但進過魏忠賢的解釋，這番上疏就火藥味十足了，言外之意就是皇帝沒得一個皇帝的樣子，天啟向來自視甚高，標榜自己勤政愛民，而文震孟公然與皇帝唱反調，指責皇帝，他馬上下旨打文震孟八十板子。

經過魏忠賢等人的抹黑，天啟皇帝覺得東林這幫大臣簡直太不像話了，根本沒有把自己放在眼裡，御史陳九疇的摺子遞上去誣告謝應詳，說謝應詳沒有能力擔當大任，是魏大中為了讓老師得到好處，讓文選郎夏嘉遇推薦去任這個肥缺官職。陳御史的栽贓，很快引得東林大臣魏大中文選郎夏嘉遇的反彈上疏，指責對方是無中生有、血口噴人。

對於官員之間的爭吵和辯論，天啟皇帝已經聽膩了，便把幾位大臣的上疏發到院裡，讓廷臣們自己開會討論解決，得出的結論就是御史陳九疇亂說，毫無根據，因為推薦是趙南星大人做的事，和魏大中以及夏嘉遇簡直是八竿子打不著。魏大中和

夏嘉遇這兩位大臣的清廉在朝廷是出了名的，素有德高品正之稱，這麼無端的抹黑肯定不現實，只能說御史陳九疇沒有思考周全，找人也不能亂找。討論結果報到天啟那裡。由於天啟皇帝主觀偏向魏忠賢等人，認為這件事不可能空穴來風，就疑心下面已經拉幫結派。就讓督察院和吏部調查，報告後還是老樣子，天啟皇帝不甚滿意，下達詔諭，他指責魏大中的做法：「魏大中期朕幼衝，把持會推，以朝廷封疆為師生報德。夏嘉遇、陳九疇奏揭紛紜，成何政體！各著降三級，調外任用。」

　　督察院和吏部的大臣也遭到訓斥，被說成是「朋謀結黨，混淆國是。」

　　處理結果一下來，陳九疇滿意了，自己的上疏收到了實效，達成了既定目的。

　　當時擔任吏科給事中的魏大中（明代給事中不再隸屬於其他單位，而成為一個獨立的機構，由於給事中分掌六部，故稱六科給事中）擔任吏部員外郎（明朝六部各部的長官稱為尚書，副長官是侍郎，六部裡面司的長官叫郎中，副長官叫員外郎，簡單地說，員外郎這個官，就是部下面的副司長），夏嘉遇就被魏忠賢的閹黨使計謀踢開了。

　　天啟皇帝對督察院和吏部的責罰，按照明朝的慣例，主管官員需要引咎辭職或者自稱罪責。在這樣的情況下，在吏部擔任要職的趙南星、在督察院任職的高攀龍疏請求辭職。

　　辭職流程先經過內閣票擬，將擬定之辭書寫於票籤，附本

進呈皇帝裁決，但天啟皇帝卻直接下詔讓趙南星和高攀龍罷官回家。兩位高級官員就這樣一天之內被罷免。

內閣官員朱國楨和韓爌聽到處理很震驚，慌忙上疏皇帝留人，天啟皇帝在氣頭上，根本就不予理會，將平日高官回鄉可以享受的坐公家驛車的特權也不給。

也許在天啟皇帝的眼裡，最不能容忍的就是黨羽勢力的膨脹，他在位的時候，對東林黨人盤根錯節的勢力已經產生了深深的疑慮，加上宦官魏忠賢等一幫人馬再火上澆油，他對之已經有了很深的戒備之心。

但他所不知道的是，在他的周圍，一個比東林黨人還要龐大的閹黨勢力已經形成，可以控制他的思想和行為，因為這些人在他面前諂媚、阿諛奉承、談笑風生，在他面前卑躬屈膝、無惡不作。

皇帝喜歡聽好話。忠言逆耳更擾心，好話聽著才舒心，自然對身邊的官員就有了親疏之分。正直善良的大臣一個個都走了，意味著東林黨的勢力更加凋敝了。政治爭鬥閹黨更勝一籌，取得了勝利，閹黨彈冠相慶，擊掌祝賀，東林黨則元氣大傷。

閹黨雖取勝，但在地位上還缺一個名分，在魏忠賢的授意下，閹黨的謀士魏廣微和顧秉謙上疏皇帝，要求洗刷閹黨被東林黨人抹黑的名聲。

皇帝對東林黨人的怒火還沒有完全消除，見大臣上疏的內容有理，直接表示同意了。皇帝的看法等於是鑑定了這兩個派

別,認為東林黨人士多年來:「內外連結,呼吸應答,盤據要地,把持通津,念在營私,事圖顛倒,誅除眾正,朋比為奸,欺朕幼衝,無所忌憚。」認為他們是完全是一個結黨營私、誤國殃民的罪惡集團。

真的顛倒黑白,是非不分了,連皇帝都不講理,看來是沒有救了。東林黨人對於皇帝看法敢怒不敢言,只有一個明叫許譽卿的官員上疏為趙南星和高攀龍的遭遇鳴不平,說他們這麼正直善良之人都被罷免,以後還會有誰敢說真話?因為這個人物是一個小官,言辭又比較柔和,天啟皇帝幾天過後心情平和不少,沒有嚴格處理他,只是將他降級外調。

剩下的東林官員傻了。以後遇到不平的事情,好像說了不僅沒有用,還會吃不了兜著走。

皇帝偏袒

眼看皇帝都偏閹黨，早先朝廷官員中一些被東林黨人排擠的官員立即轉向，紛紛投奔到魏忠賢的腳下。

職位空缺出來後，都察院和吏部的人按照以往的慣例，擬定陳於廷和楊漣擔任代理主官，上報送到天啟皇帝那裡，他一下就火了，才罷免了兩位東林官員，推薦的兩位官員居然又是東林黨人，這不是明白著結黨營私嗎？於是直接不發兩院部上奏的人選，下詔讓各個部門的人另外推舉。

推選的工作由吏部侍郎陳於廷主持，他把部門中的人選按照資歷排列了一遍，決定推選資歷最老的人，這樣的人經驗豐富，可以獨立擔當重任。想來想去，就推選了喬允升等幾個人作為備選，讓皇帝定奪，這麼一來，皇帝就應該沒有意見了。

但是皇帝對這批推舉的人不怎麼熟悉，不好決定，於是就問自己身邊最親近的魏公公：「這是些什麼人？」

魏忠賢不緊不慢的說：「回皇上，這些都也是東林派官員。」

皇帝一聽，人都炸了，這不是完全把他不放在眼裡當猴耍？十月二十八日，天啟下嚴旨，痛斥都察院和吏部長期以來被權勢人物所控制，認為吏部和都察院實際上已經自成一派，

不受管理，已經完全成為一個獨立的聯盟，並對會推的人選提出了疑問，他在聖旨中點了陳於廷、楊漣、左光斗三人，欽定了「箝制眾正，抗旨徇私」的罪名，並認為就是這三人冥頑無恥，將其革職，貶為庶民。

從這樣的話語中，皇帝和東林黨人似乎已經鬧翻了，但這樣的聖旨到底是不是出於皇帝的本意還有待思考，天啟並不太關心朝政，自己也抱著多一事不如少一事的想法，以便可以騰出更多的時間和精力在自己的工藝發明上，這個處罰可能就是矯詔，但處罰還是要執行，聖旨讓楊漣和左光斗兩位正直忠良的官員寒心，他們為朱由校能繼承大統可以說是嘔心瀝血，將自己的生死都置之度外，確保了他順利的登上了帝位。而現在不僅沒有得到一點應有的尊重，反而皇帝還要將其一腳踢開，哀莫大如心死，為他鞠躬盡瘁、死而後已，卻得到革職這樣慘痛的結局。

剩下的東林大臣零零散散，為數不多，內閣的首輔韓爌算得上是一個。韓爌，字虞臣，號象雲，山西省蒲州（今山西省永濟市韓陽鎮）人。為東林黨的元老。萬曆二十年（西元1592年）進士，其人老成持重，正直忠誠，有天下稱其賢」的美譽。

顧秉謙、魏廣微這兩位替閹黨賣命的大臣也曾將除掉韓爌這個大臣上報給魏忠賢，認為這個人不除，早晚會壞事。但是此人在工作上認真，要找出破綻頗為不易，魏忠賢對這個人也很頭痛，為了將其扳倒，可以說是絞盡腦汁。

首先做好輿論攻堅戰，他授意自己的爪牙和同夥客氏先到天啟皇帝明熹宗那裡吹風，說韓爌的壞話。經過幾批次有頻率地安排閹黨爪牙講內閣首輔工作的壞話，天啟皇帝漸漸對韓爌不滿，下詔說韓爌作為一個內閣首輔，票擬有一定的過錯，以後一定要思考周全，要讓大多數的成員參與其中。

　　首輔是明朝對首席大學士的習稱，名義上相當於宰相的職務，在西元1402年（建文四年）設立，朱元璋建國初期怕宰相權力過大，廢除了宰相，明朝中後期，內閣大學士的權力很大，首輔相當於宰相的代理人，特別是在嘉靖、隆慶和萬曆初期，首輔和次輔之間有著很明顯的界限，擔當首輔的職權最重、權力最大，因此競爭非常激烈。

　　韓爌聽到皇帝這麼說，馬上就明白了皇帝的意思，這麼做無非就是挑刺。我兢兢業業，你卻說我工作不認真。作為一個愛惜名譽的大臣，受不了皇帝用有色眼鏡看他，他越想越不是滋味，一氣之下，就立刻上疏，請求辭職，並勸告皇帝的改變。

　　皇帝的意見都不接受，還以辭職相要挾，實在要走就走。皇帝批准了他的辭呈。按照以往的慣例，位高權重的大臣辭職以後，皇帝要表彰他的貢獻，還要給予蔭官恩及子孫等一系列待遇，但天啟除了給了他辭職回家乘坐官家公務車的權力外，其他的一概不給。

　　皇帝就是這麼任性。

　　韓爌履職內閣首輔沒有多長的時間，滿打滿算也才四個月，

他就這樣離開了，回家之後，接連遭遇打擊，先是被削籍，接著公職待遇、退休薪資、養老金等被相繼剝奪。

韓爌走掉之後，剩下的二號人物就只有朱國楨了。

朱國楨（生於西元1558年，卒於西元1632年），為浙江吳興（今湖州南潯）人，字文寧，號平涵。是明朝萬曆年間的首輔大臣。天啟四年擔任內閣成員，其為官能體恤民情，抒民憂，解民困。

依附魏忠賢的官員又開始彈劾朱國幀，他敏銳地察覺到自己遭受威脅，再不走的話要吃大虧了，為了免遭傷害，乾脆索性辭職，因為沒有什麼過錯，天啟沒有同意，他連續上疏幾次請求辭職，都沒有走成。朱國幀因為不是東林黨的人，加上此人也頗識時務為俊傑，皇帝沒有為難他，魏忠賢雖然覺得這個老頭很倔強，但也沒有惹什麼麻煩，於是對於他的待遇也沒有過多的干涉。

內閣成員走的走，這求之不得，繼任者內閣首輔就可以安排自己的人了，依附閹黨的顧秉謙接替了職位。

從西元1624年十一月，以楊漣上疏的事情起，閹黨勢力和東林黨人勢不兩立，在政治鬥爭中相互交手，時間持續了五個月，以閹黨的勝利告終。朝廷內外基本上都已經被閹黨勢力占領，特別是外廷當初是東林黨勢力的根據地，現在已經被蠶食殆盡。

國家圖書館出版品預行編目資料

九千歲——魏忠賢權謀史：從貧賤少年到宮廷新人，大明朝的權謀之巔 / 李航 著 . -- 第一版 . -- 臺北市：複刻文化事業有限公司 , 2025.02
面； 公分
POD 版
ISBN 978-626-7671-19-1(平裝)
1.CST: 明史 2.CST: 通俗史話
626.809　114000799

九千歲——魏忠賢權謀史：從貧賤少年到宮廷新人，大明朝的權謀之巔

作　　者：李航
發 行 人：黃振庭
出 版 者：複刻文化事業有限公司
發 行 者：崧燁文化事業有限公司
E - m a i l：sonbookservice@gmail.com
粉 絲 頁：https://www.facebook.com/sonbookss/
網　　址：https://sonbook.net/
地　　址：台北市中正區重慶南路一段 61 號 8 樓
8F., No.61, Sec. 1, Chongqing S. Rd., Zhongzheng Dist., Taipei City 100, Taiwan
電　　話：(02) 2370-3310　　傳　　真：(02) 2388-1990
印　　刷：京峯數位服務有限公司
律師顧問：廣華律師事務所 張珮琦律師

-版權聲明

本書版權為淞博數字科技所有授權複刻文化事業有限公司獨家發行電子書及紙本書。
若有其他相關權利及授權需求請與本公司聯繫。
未經書面許可，不可複製、發行。

定　　價：375 元
發行日期：2025 年 02 月第一版
◎本書以 POD 印製